Kursbuch 209
Ausnahmezustand Normalität

W0089604

Klimaneutral
Druckprodukt
ClimatePartner.com/12752-1803-1001

Zum Ausgleich für die entstandene CO_2-Emission bei der Produktion dieses Buches unterstützen wir den Betrieb eines Wasserkraftwerks im Virunga-Nationalpark im östlichen Kongo. Das Projekt trägt zum Klimaschutz bei, indem auf die Abholzung des tropischen Bergregenwaldes zur Holzkohlegewinnung verzichtet wird und der Lebensraum der letzten Berggorillas in freier Wildbahn erhalten bleibt. Der gewonnene Strom wird in das lokale Stromnetz eingespeist und dient als Alternative zur Holzkohle.

Das Kursbuch erscheint viermal im Jahr.
Das Heft kostet einzeln € 16,–
Das Jahresabo (4 Ausgaben) kostet € 52,–
Im Internet: https://kursbuch.online

Kursbuch Kulturstiftung gGmbH
Miramar-Haus, Schopenstehl 15, 20095 Hamburg
Tel.: 0 40/39 80 83-0
V. i. S. d. P.: Peter Felixberger
Verleger: Sven Murmann
© 2022 Kursbuch Kulturstiftung gGmbH, Hamburg

ISBN 978-3-96196-246-4
ISSN 0023-5652

Druck: Steinmeier GmbH & Co. KG, Deiningen
Printed in Germany

Zuschriften bitte per Mail an: kursbuch@kursbuch.online
Abonnenten-Service: abonnements@kursbuch.online
Pressevertrieb: PressUp GmbH, Wandsbeker Allee 1, 22041 Hamburg. www.pressup.de

Armin Nassehi
Editorial

In der Pandemie wünschen sich alle »Normalität« zurück, und wenn es auch nur ein *new normal* werden sollte. Sogar Hoffnung gibt es, dass es eine bessere Normalität wird, die uns postpandemisch (und dann wohl präexzeptionell) ins Haus steht. Diese Annahme oder Hoffnung hat einen blinden Fleck: die Bedingungen dessen nämlich, was als »Normalität« durchgeht. Wenn es ein Signum dessen gibt, was man mit dem allzu großen Begriff »Moderne« verbindet, dann doch wohl, dass alles, was ist, auch anders sein könnte. Nichts ist notwendigerweise so, wie es ist – schon weil es historisch geworden ist und anders ausgehen hätte können und weil es von unterschiedlichen Positionen ganz unterschiedlich beschrieben werden kann.

»Normalität« ist nur ein Zustand, der eine Ausnahme davon darstellt, wie es hätte sein können. »Normalität« hört sich an, als bezeichne sie einen unproblematischen Zustand, womöglich sogar einen normativ wünschenswerten. Man muss nicht lange hinschauen, um einen Eindruck davon zu bekommen, dass dies eine gewagte These wäre. Deshalb kommen wir nicht umhin, eben *kein Kursbuch* darüber zu machen, wie wir endlich wieder in normale Verhältnisse zurückkehren oder wie diese neue Normalität aussehen könnte oder sollte. Nein, wir haben ein *Kursbuch* gemacht, in dem es um die Bedingungen von Normalisierung geht, um das Verhältnis von Normalität und ihrem Gegenüber, über das Verhältnis von Ausnahmezustand und Normalität, um den Ausnahmezustand Normalität.

Die Beiträge dieses *Kursbuchs* gehen diesem Verhältnis auf verschiedenen Feldern nach – in Bezug auf jüdisches Leben und Antisemitismus in Deutschland, auf den Kampf ums sprachliche Gendern, auf dem Gebiet der Kunst, der Wissenschaft und des Autismus. Gemeinsam ist allen Beiträgen, dass sie sich auf das Spiel erst gar nicht einlassen, den Ausnahmezustand durch eine wie auch immer geartete Normalität heilen zu wollen. Horst Bredekamp etwa pocht auf den Ausnahmezustand, den das ästhetische Erleben hervorbringen kann, Carolin Müller-Spitzer macht deutlich, dass die Herstellung sprachlicher Normalzustände eine Machtfrage ist, Leonhard Schilbach zeigt am Beispiel des Autismus, wie arbiträr und kontingent Vorstellungen sozialer Normalität sind, Sibylle Anderl macht auf den revisionsfähigen Status aller normalwissenschaftlichen Selbstverständlichkeiten aufmerksam. Und Levi Israel Ufferfilge beschreibt an jüdischen Schulen einen drastischen Fall eines Ausnahmezustands Normalität als Insel in permanentem Anderssein. Er schreibt: »Weniger Sicherheit wäre fahrlässig, keine Sicherheit unmöglich. Keine jüdischen Schulen mehr? Dann könnten jüdische Schüler nie einmal eine Pause davon haben, eine Minderheit zu sein, nie erfahren, so wie alle anderen Anwesenden zu sein.«

Die sieben Intermezzi beantworten die Frage »Wann wurde für Sie aus einem Ausnahmezustand Normalität?« Wir freuen uns sehr, dass sich die Autorinnen und Autoren auf diese Frage eingelassen haben.

Heike Littgers »Lagerfeuer« rekonstruiert den Ausnahmezustand Normalität mit der Geschichte von Aids/HIV und der Vielfalt von migrantischen Normalitäten – als Ausnahmezustand. Berit Glanz' zweite Kolumne »Islandtief« beschäftigt sich mit der medial vermittelten Form der Naturbeobachtung am Beispiel von Vulkanausbrüchen und führt von Island aus um den ganzen Globus. Und dass Covid wirklich nicht normal ist, zeigt Jan Schwochow in zwei Grafiken über die Sterblichkeit der Seuche.

Peter Felixberger ist diesmal mit der FLXX-Maschine zum Planeten »Politische Macht – PM001« unterwegs. Erstaunlich, wem er da alles begegnet, und kein Wunder, dass Hin- und Rückflug ins Trudeln geraten.

Jan Schwochow

EINE QUELLE, ZWEI GRAFIKEN

Unser gesellschaftlicher Ausnahmezustand hält uns seit nunmehr fast zwei Jahren in Atem. In der Pandemie sind bisher über 113 000 Menschen in Deutschland gestorben. Unfassbar weiterhin: Es gibt noch Menschen, die meinen, dass das Virus harmlos und so normal wie eine Grippe sei. Um diese Menschen vom Gegenteil zu überzeugen, wird oft eine Grafik zur Übersterblichkeit herangezogen. Ich habe diese Daten hier neu sortiert, um die Übersterblichkeit für drei Altersgruppen zu visualisieren. Dabei erkennt man sehr schnell, dass Menschen überwiegend ab einem Alter von 50 Jahren an Corona sterben.

Das Problem besteht darin, dass diese Art von Grafik eine breite Leserschaft überfordert, denn nur allein in der Darstellung mit Linien oder Flächen ist es schwer, etwas Substanzielles herauszulesen. Es ist zwar gut zu erkennen, dass die Jahre 2020 und 2021 oft über dem Sechs-Jahres-Schnitt liegen. Dennoch werden Coronaleugner auf die Jahre 2017 und 2018 verweisen, in denen sich eine außergewöhnlich starke Grippewelle ereignete und es keine Einschränkungen im öffentlichen Leben gab. Leider kann man in dieser Darstellung keine absoluten Zahlen ablesen. Wir wissen aus anderen Quellen, dass diese größte Grippewelle der letzten 30 Jahre rund 25 000 Tote nach sich zog. Gleichzeitig dürfen wir nicht vergessen, dass durch die Coronamaßnahmen Grippewellen und damit verbundene »normale« Todesfälle ausgeblieben sind.

Manchmal sind konkrete Zahlen einfacher zu verstehen, und so recherchierte ich die Zahlen zu den jährlichen Todesursachen. Ich fand eine aktuelle und detaillierte Statistik für das Jahr 2020. Um die Zahlen für den Leser vergleichbar zu machen, rechnete ich die Jahreswerte in durchschnittliche Wochenzahlen um. So sehen wir in der rechten Grafik, dass im Jahr 2020 in etwa so viele Menschen durch Covid-19 starben wie an Demenz und Alzheimer. Während in einer Woche im Schnitt 1000 Menschen an dem Virus starben, verloren im gleichen Zeitraum neun Radfahrer ihr Leben oder es ertranken sieben Menschen. Diese Zahlen sind für uns zweifellos anschaulicher und aus meiner Sicht sehr beeindruckend, zumal wir die Todeszahlen durch entsprechende Maßnahmen noch gering halten konnten.

Zu guter Letzt noch eine andere Rechnung, für die ich gar keine Grafik benötige: Seit Beginn der Pandemie sind bisher im Schnitt jede Woche 1181 Menschen an dem Virus gestorben. Das entspricht einem Todesopfer alle 8,5 Minuten.

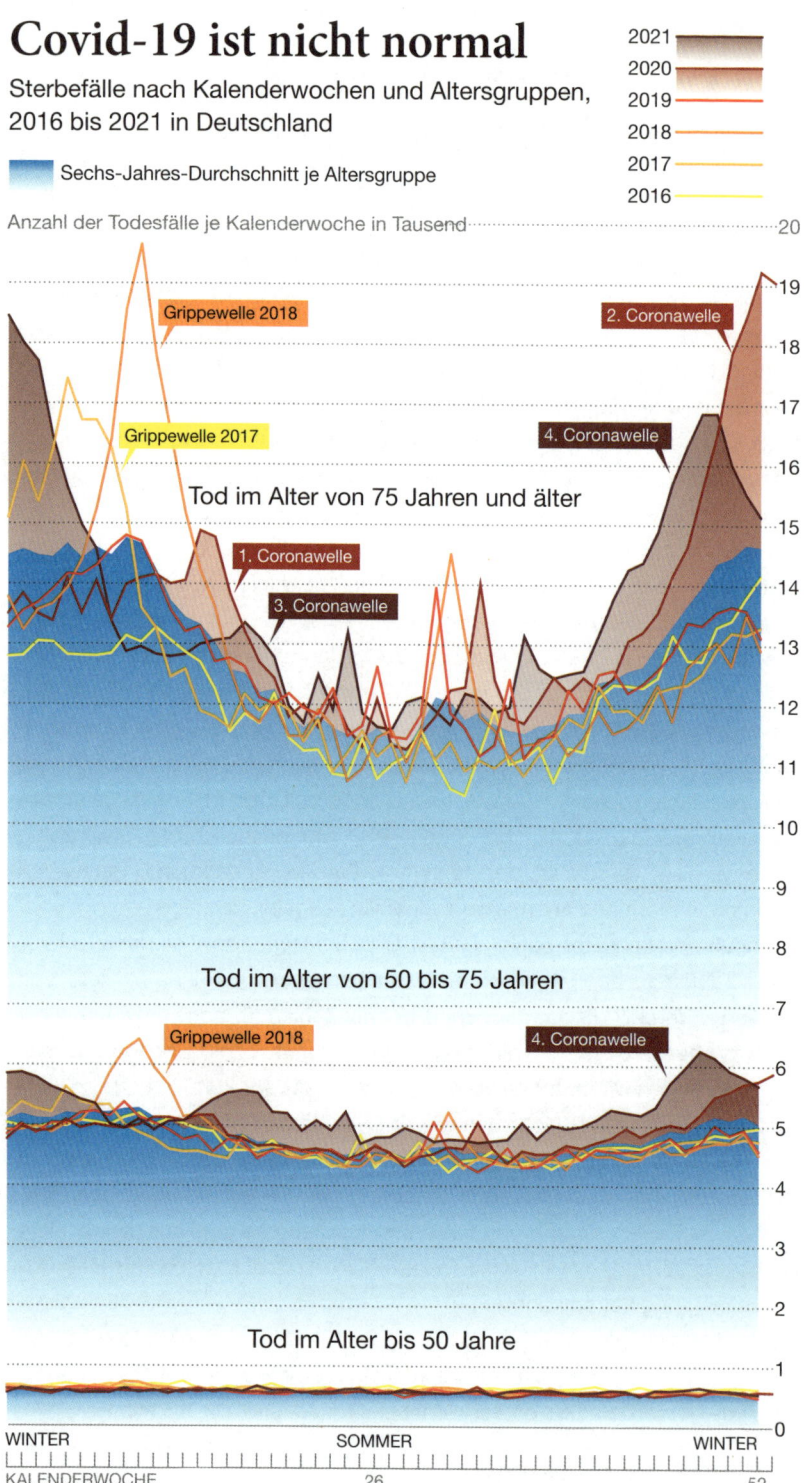

Covid-19 ist nicht normal

Sterbefälle nach Kalenderwochen und Altersgruppen,
2016 bis 2021 in Deutschland

2021
2020
2019
2018
2017
2016

Sechs-Jahres-Durchschnitt je Altersgruppe

Anzahl der Todesfälle je Kalenderwoche in Tausend

20
19
18
17
16
15
14
13
12
11
10
9
8
7
6
5
4
3
2
1
0

Grippewelle 2018

Grippewelle 2017

Tod im Alter von 75 Jahren und älter

1. Coronawelle

3. Coronawelle

2. Coronawelle

4. Coronawelle

Tod im Alter von 50 bis 75 Jahren

Grippewelle 2018

4. Coronawelle

Tod im Alter bis 50 Jahre

WINTER   SOMMER   WINTER

KALENDERWOCHE   26   52

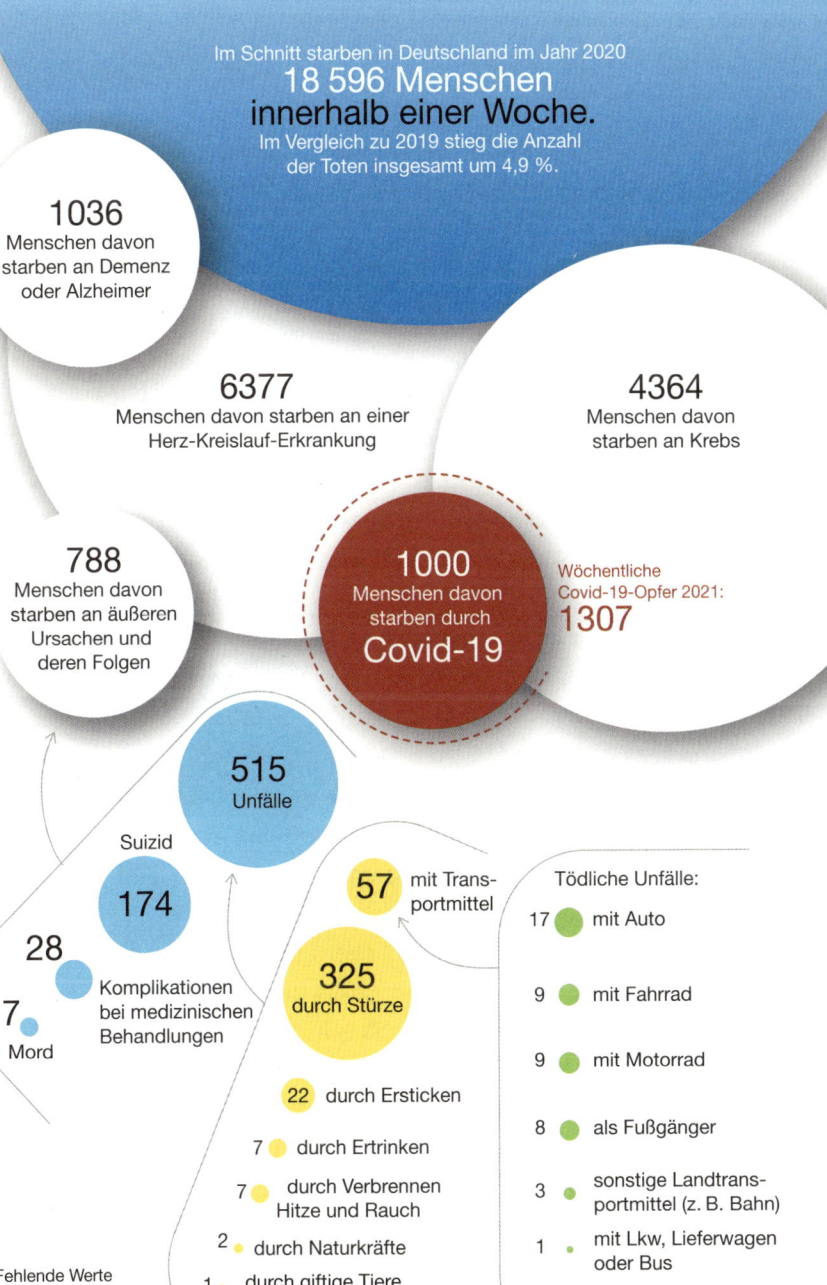

Sterben in Deutschland

Todesursachen für das Jahr 2020

Im Schnitt starben in Deutschland im Jahr 2020
**18 596 Menschen
innerhalb einer Woche.**
Im Vergleich zu 2019 stieg die Anzahl
der Toten insgesamt um 4,9 %.

1036
Menschen davon
starben an Demenz
oder Alzheimer

6377
Menschen davon starben an einer
Herz-Kreislauf-Erkrankung

4364
Menschen davon
starben an Krebs

788
Menschen davon
starben an äußeren
Ursachen und
deren Folgen

1000
Menschen davon
starben durch
Covid-19

Wöchentliche
Covid-19-Opfer 2021:
1307

515
Unfälle

Suizid

174

28

7
Mord

Komplikationen
bei medizinischen
Behandlungen

57 mit Trans-
portmittel

325
durch Stürze

22 durch Ersticken

7 durch Ertrinken

7 durch Verbrennen
Hitze und Rauch

2 durch Naturkräfte

1 durch giftige Tiere
oder Pflanzen

Tödliche Unfälle:

17 mit Auto

9 mit Fahrrad

9 mit Motorrad

8 als Fußgänger

3 sonstige Landtrans-
portmittel (z. B. Bahn)

1 mit Lkw, Lieferwagen
oder Bus

0,5 mit Flugzeug

Fehlende Werte
beinhalten weitere
Todesursachen.
Gezeigt ist hier eine
persönliche Auswahl.

QUELLEN: DESTATIS, RKI

Levi Israel Ufferfilge
»War nie weg, wird immer sein«
Von den Normalitäten jüdischen Lebens und des
Antisemitismus in Deutschland

Ich starrte meine Finger an, die gespreizt auf zehn Tasten meines Laptops warteten, dass ich ein weiteres Wort schreiben würde. Sie zitterten beinahe unmerklich. Mein Blick wanderte von meinen Fingern zu einem Wassertropfen, der sich am unteren Bildschirmrand bildete. Es war, als würden sich immer mehr Tropfen auf dem Laptop formen. Ein Schleier seichter Wellen schob sich von unten nach oben über die weiße Seite digitalen Papiers, das meine nun merklich bebenden Finger zu beschreiben suchten. Ich tippte »verabschieden« und schluckte angestrengt. Dabei stürzte sich Schmerz meine Kehle und die seichten Wellen auf meinem Bildschirm als Tränen meine Wangen hinunter. Ich hatte meine Oma, die Frau, die mich großgezogen hatte, der ich alles zu verdanken, zu der ich aufgesehen hatte, die weise war, die ein letztes Überbleibsel einer alten Welt war, die gütig war, der ich stets vertraut, alles anvertraut hatte, die mich beschützt und auf jede Weise unterstützt hatte, die ich geliebt hatte – ich hatte sie verloren. Ich hatte sie verabschieden müssen aus dieser Welt.

Ich hatte die letzten Wochen ihres Lebens neben ihr am Bett, auch neben ihr auf dem Bett verbracht. Wir hatten uns alles noch einmal erzählt, gelacht, geweint, zusammen Musik gehört, ferngesehen. Ich habe ihr vorgelesen und sie hat mir noch so viele Weisheiten wie irgend möglich mitgeben wollen. Was meine Welt ins Wanken brachte und ihre Welt erlöschen ließ, mochte etwas sein, was nicht überraschend kam, was nicht ungewöhnlich war; es mochte etwas sein, was Abertausende

Male in jedem Moment irgendwo auf der Erde geschah. Doch hinter meinen verweinten Augen in meinem Bewusstsein gab es nur noch Gedanken um diesen einen Menschen. Ich saß im Zug, hatte noch schnell aus meiner Wohnung einen schwarzen Anzug für die Beerdigung meiner Oma geholt. Auf dem Weg wollte ich die Trauerrede für sie schreiben. Ich konnte mir kaum Worte abringen. Mein Kopf spielte pausenlos mehrere Kindheitserinnerungen an sie zugleich ab – derart lebendige Fragmente aus früheren Zeiten mit ihr, dass ich mich so fühlte, als wäre ich gerade fünf Jahre, neun Jahre, zwölf Jahre und 20 Jahre zur selben Zeit. Ich nahm meine Brille ab und rieb mir erschöpft die Augen. Ich schaute durch das Fenster auf die vorbeiziehende, nun umso verschwommenere Julilandschaft, die so harmonisch grün und bunt aussah, dass ich es kaum ertragen konnte.

Ich brauchte dringend einen Schlag kaltes Wasser ins Gesicht, um klarere Gedanken zu bekommen und den Hesped, also die Trauerrede für meine Oma, noch fertig zu bekommen. Die Beerdigung würde in nur wenigen Stunden stattfinden. Ich setzte also meine Brille wieder auf und ging in meinen Erinnerungen verloren zur nächsten Toilettenkabine im Wagen. Eine Frau wartete dort bereits darauf, sie benutzen zu können. Ich stellte mich also in diese nur zweigliedrige Schlange und wartete auf das kalte Wasser zum Aufwachen aus der Vergangenheit, zum Wieder-zu-mir-Kommen. Die Frau musterte mich mitleidlos. »Sie müssen nicht hier mit mir warten!«, wies sie mich an. »Es gibt noch mehrere andere Toiletten im Zug. Sie können einfach weitergehen.« »Schon gut, ich kann warten«, entgegnete ich kraftlos. »Ich möchte aber nicht mit Ihnen hier warten, ist das klar? Ich möchte, dass Sie gehen. Ja? Leute wie Sie … Ihre Leute bringen nur Unglück über uns.« »Unglück?«, fragte ich irritiert. »Sie haben mich schon verstanden«, zischte die Frau und schaute mich grimmig an, während sie auf meine bestattungsschwarze Kippa im blassen Spiegelbild des Bahnfensters im Gang deutete. »Was!?«, sagte ich leise, aber hörbar, akzentuiert und voll der Trauer und Wut, die sich lang in mir aufgebaut hatten. Ich merkte in mir, dass ich derlei viel Trauer und Wut unmöglich meine Kehle herunterschlucken konnte.

Also sah ich vor meinem inneren Auge, wie ich die Frau an ihrer hasserfüllten Kehle packte und nicht etwa gegen die Scheibe der Zugwand drückte, sondern durch sie hindurch, damit diese Frau herausgeschleudert und als Geschoss die fröhliche Julilandschaft dort draußen verwüsten würde.

Zugleich aber bildeten sich hinter meinen Lippen Worte, die der Frau erklären würden, wer ich bin, warum ich im Zug bin, welcher absolut wundervolle Mensch meine Oma sel. A. gewesen war und dass sie nun nicht mehr war und ich deshalb Schmerzen in meiner Brust und meiner Kehle, in meinen Augen und meinen Fingern fühlen würde und nicht weiß, wie ich eine Trauerrede für meine Oma schreiben könnte, die ihr auch nur irgend gerecht werden könnte. Das würde diese Frau gewiss verstehen und sich dann dafür entschuldigen, dass sie mich wegschicken wollte und dass sie Juden für Unglücksbringer hält. Doch als sich meine Lippen voneinander zum Sprechen lösten, schluchzte ich überwältigt von dieser Bosheit und weinte. Die Frau hatte genau gesehen, dass ich trauerte. Das Schwarz, die verquollenen Augen, der gedankenverlorene, abwesende Blick, die schutzlose Haltung. Der Frau war es egal, wie es mir ging. Sie schaute mich nicht an wie einen Trauernden. Sie schaute mich gar nicht an. Sie schaute auf mich. Sie schaute auf mich wie auf einen Schädling. »Sie müssen gar nicht so eine Show abziehen. Dafür interessiert sich niemand«, sagte sie kühl und betrat die gerade frei gewordene Toilettenkabine. Ich stand weiterhin im Gang und versuchte, nicht über ihre Worte nachzudenken, mich nicht verletzen zu lassen. Es ging nicht. Ich schaute aus dem Fenster und sah die Worte dieser Frau schwarz auf weißen Wolken. So überwältigt ich von meiner Trauer und von den wiederauferstandenen Erinnerungen meiner Kindheit auch war, so wenig hätte beides besudelt werden dürfen von der Abscheu dieser Frau.

Die Frau brauchte seltsam lang. Bald hörte ich sie kichern. Sie öffnete endlich die Kabinentür und sagte grinsend: »Die kann man jetzt leider nicht mehr benutzen. Tut mir leid. Beim nächsten Mal gehst du besser gleich dorthin, wo ihr hingehört.« Sie hatte große Freude aus diesen

Sätzen gezogen. Und daraus, den Plastiktütenspender komplett entleert, die Tüten zusammengeknotet und mit ihnen die Toilette verstopft zu haben. Stolz deutete sie mit den Augenbrauen auf ihrem zur offenen Kabinentür geneigten Kopf auf das Chaos, das sie verursacht hatte, damit nicht ein Jude nach ihr die volksdeutsche Toilette benutzen können würde. Ich starrte ihre diabolischen Lachfalten auf ihrer Stirn und über ihren Brauen an und wie klein und schwarz ihre Augen vor Schadenfreude wurden. Mein Kopf zuckte mich aus dem Starren heraus. Ich schaute jetzt durch die Frau hindurch und hörte mich sagen:»Keine Sorge, ich wollte nur einen Schlag Wasser ins Gesicht.«

Ich ging in die Kabine, wusch mein Gesicht und betrachtete mein nasses, verheultes Gesicht im Spiegel. Ich sah armselig aus. Die Wochen am Sterbebett meiner Oma hatten mich allen Schlaf gekostet. Ich sah übermüdet und kraftlos aus. Zum ersten Mal in meinem Leben war die Haut unter meinen Augen blau, meine Wangen waren eingefallen. Vor allem aber sah ich vulnerabel aus; ein einfaches Opfer für jene Frau. Ich schaute auf das Chaos, das die Frau angerichtet hatte. Mich packte die Wut. Das hätte am Tag der Beerdigung meiner Oma nicht passieren dürfen! Ich trat gegen die verdammte Toilette und schrie gegen die Tür:»Das ist doch nicht normal! Das ist doch nicht normal! Sie sind doch nicht normal, so etwas zu machen! So etwas zu sagen! Ich bin doch ein Mensch. Ich bin doch ein Mensch!« Ich hoffte, dass die Frau noch auf der anderen Seite stehen würde. Niemand antwortete mir.

Es war der Tag, an dem meine Oma ihren letzten Weg nicht mehr selbst gehen, sondern dabei getragen werden würde. Welchen langen Weg sie gegangen war. 87 Jahre lang. Wie sehr sich dieses Land, diese Gesellschaft auf diesem Weg geändert hatte. Hätte ändern müssen. Doch am letzten Tag ihres Weges durfte noch eine bösartige Frau auftreten, angreifen, so als hätte es gar keine Veränderung gegeben. Meine Oma hatte es verdient, dass ihre Welt am letzten Tag besser endete, als sie begonnen hatte. Aber dieser Illusion war ich beraubt worden. Die schlechten Dinge im Leben meiner Oma, auch in meinem Leben waren beständig. Keine Geschichte der Progression, sondern der Kontinuität.

»Das ist normal«, sagte ich mehrmals vor mich hin. So, als sei mir ein Licht aufgegangen. Dieser Hass, diese Bosheit, diese menschliche Leere uns Juden gegenüber sind noch immer derart verbreitet, für zu viele Menschen noch immer selbstverständlich. Dieses Empfinden ist für sie normal. Und es ist Teil meiner Normalität, dass sie mir damit begegnen, sobald sie mich als Juden erkennen.

Ich setzte mich zurück an meinen Platz und vor meinen Laptop. Meine Oma musste das immer gewusst haben, dachte ich. Ich holte tief Luft und atmete das Erlebnis mit der Antisemitin aus. (Sie wird uns am Ende noch einmal begegnen.)

Antisemitismus ist normal?

Dieses Erlebnis fiel mir als erstes unter dem Stichwort »Normalität« eines jüdischen Daseins in Deutschland ein. Ich verliere herzlich selten die Fassung; wohl deshalb höre ich mich noch immer in dieser Toilettenkabine schreien: »Das ist doch nicht normal!« War diese Frau normal? In den ersten Jahren, in denen ich offenen Antisemitismus erfahren hatte – da war ich ein junger Teenager –, nahm ich an, jeder Antisemit müsste ein psychisches Problem haben. Eine solche Person konnte nicht geistig gesund sein. Viele Antisemiten begegneten mir derart verhaltensauffällig, dass ich sehr lang diese Haltung vertrat. Doch mit den Jahren wurde ich unsicherer. Mehr und mehr Antisemiten haben sich in unsere Gesellschaft eingeschlichen, die normal (ordentlich) gekleidet sind, normal (beherrscht, angepasst) auftreten und normale (kaufmännische Angestellte, Apotheker, Maler, Unternehmerin) Berufe ausüben. Sie erscheinen im Gespräch ganz normal (unauffällig), sogar freundlich interessiert. Aber dann erzählen sie mir aus heiterem Himmel, dass amerikanische Juden Stück für Stück Berlin aufkaufen und das Wohnen unbezahlbar machen würden, um sich so an den Deutschen für die Schoah zu rächen. Oder dass Bill Gates als Jude entlarvt worden wäre und ob ich das schon wüsste und sagen könnte, wo er sich aufhielte.

Oder dass Corona aus Israel käme, denn die Juden würden sich ja mit einem »Gegengift« impfen, das sie allen anderen Völkern vorenthalten würden, damit diese unbemerkt unter jüdische Kontrolle geraten würden. Wer mir das erzählt hat? Ein Architekt aus der Nachbarschaft, eine Psychotherapeutin mit Praxis in Berlin-Friedenau (bürgerliche Gegend), eine Erzieherin im Zug nach Potsdam. Alle erzählten diesen Unfug so nüchtern, als würden sie vom Wetter sprechen. Wenn meine Kippa nicht gerade derart Unerhörtes sichtbar machen würde, würde wohl kaum jemand oder sogar niemand etwas von diesem Stück Irrsinn erfahren. Ich frage mich oft, ob kluge Antisemiten ihren Irrsinn vor anderen filtern oder chiffrieren können, sodass sie ihre Überzeugungen in Situationen geltend machen können, ohne dass auffällt, dass sie Judenhasser sind. Ich bin bereits antisemitischen Lehrern, Anwälten, Journalisten, Professoren begegnet und nehme nicht an, dass sie sich in ihren Metiers komplett zurückhalten könnten, was ihr judenhasserisches Weltbild angeht.

Das antisemitische Individuum mag uns also herzlich normal erscheinen oder aber »verrückt« oder »wahnsinnig«, wenn es frei heraus obskure Verschwörungstheorien erzählt oder wüste Beschimpfungen brüllt. Allein dass es Antisemiten überhaupt in unterschiedlicher Form und Farbe in diesem Land gibt, ist normal. »Antisemitismus ist normal« ist ein Satz, gegen den man sich leicht sträubt. Schließlich kann nie sein, was nicht sein darf. Der Satz wäre auch falsch, sollte er meinen, Antisemitismus sei eine normale im Sinne einer akzeptierten Geisteshaltung. »Antisemitismus ist normal« soll lediglich heißen, dass er in diesem Land weitverbreitet und durch allerhand Bevölkerungsgruppen verstreut ist, regelmäßig auftritt und einen fixen Anteil im Alltag von sichtbaren, anderweitig erkennbaren, etwa prominenten oder sich in jüdischen Institutionen aufhaltenden Juden in Deutschland hat.

Antisemitismus ist auch deshalb normal, weil wir als Juden mit ihm selbstverständlich aufwachsen. Unsere Eltern und Großeltern und deren Vorfahren kannten ihn bereits. Jüdische Kinder hören, wie Erwachsenen Antisemitismus widerfährt. Oder er widerfährt ihnen als Kinder selbst wie einer Schülerin von mir aus dem nachmittäglichen Religionsunterricht, deren Mitschüler der zweiten (!) Klasse sie quälte und andere Kinder dazu anhielt, nicht mit der jüdischen Schülerin befreundet zu sein, weil seine Eltern ihm beigebracht hatten, dass Juden ein schlechter Einfluss, ja gar gefährlich wären und sich deshalb niemand, der einem wichtig sei, mit Juden einlassen dürfe.

Unsere Kinder wachsen mit für nicht jüdische Augen außergewöhnlich umfangreichen und strengen Sicherheitsmaßnahmen auf. Mit kugelsicherem Doppelglas, Eingangsschleusen und Sicherheitspersonal. Diese Elemente sind den Kindern nach dem jüdischen Kindergarten bereits zumeist weitestgehend unsichtbar. Sie erscheinen ihnen so gewöhnlich wie die Tafel im Klassenzimmer oder der hoch ummauerte Schulhof. Die drei genannten Elemente mögen im Schulalltag mitunter eher für die Schüler bedeuten, dass man beim unpraktischen Doppelglas das äußere Fenster nicht öffnen oder verschieben kann und sich das innere Fenster aber leider nach außen und daher nur beschränkt öffnen lässt, was heißt, dass man an heißen Sommertagen die Klasse nicht effektiv abkühlen kann. Die Eingangsschleuse kommt Schülern lästig vor, weil man nicht spontan rein oder raus kann. Immerzu muss abgewartet werden. Wenn man ohnehin schon spät dran ist, spannt nichts so sehr die Geduld eines jüdischen Teenagers auf die Folter wie das Warten, bis sich die Schleuse endlich und dann viel zu langsam öffnet. Sicherheitspersonen wiederum können sehr unterhaltsam und freundlich sein und den Fußball in der Pause zurückschießen oder einem ein Kaugummi ausgeben; einige, insbesondere jüngere Kinder finden Sicherheitsleute indes zuweilen unheimlich.

Ein normaler Schultag

In einer der jüdischen Schulen, in der ich arbeitete (ich muss hier vage bleiben, um nicht die Sicherheitssituation vor Ort preiszugeben), muss man sich den Schultag eines jüdischen Schülers derart vorstellen: Der Schüler macht sich auf den Weg zur Schule; ein überwiegender Teil der

Schüler wird von den Eltern, anderen Verwandten, Fahrgemeinschaften oder mit privat organisierten Bussen gebracht. Die Kinder sind dazu angehalten, nicht vor dem Gebäude zu verweilen, sondern direkt durch die Sicherheitsschleuse einzutreten. Zur Stoßzeit vor Beginn der ersten Stunde gibt es extra Polizei vor dem Gebäude, dazu mehr von der jüdischen Gemeinde bezahlte Sicherheitsleute als üblich. Kinder, die zu Fuß, mit den öffentlichen Verkehrsmitteln oder dem Fahrrad zur Schule fahren, werden angehalten, sich nicht als Juden erkennbar zu geben. Auch ich bin stets mit Hut über der Kippa mittels U-Bahn zur Schule gefahren, um keine Antisemiten zu den Kindern zu führen.

Die Kinder passieren die doppelte Sicherheitsschleuse und gehen zu ihren Klassenzimmern. Die Türen sind gesichert. Unbefugte können die Etagen nicht betreten. Immer wieder müssen die Kinder nach den Lehrkräften klingen, um Sicherheitstüren passieren zu können. Das WLAN ist gegen Cyberattacken gesichert und unsichtbar; gibt es einen neuen Schüler oder hat ein Kind ein neues Handy, muss auf ein Zeitfenster in der Woche gewartet werden, damit es sich anmelden kann. Die doppelten Sicherheitsfenster halten Pistolenkugeln und Molotowcocktails stand.

Die Kinder werden fortlaufend über die Sicherheit und Fluchtwege unterrichtet und es gibt bereits ab der ersten Klasse regelmäßige Übungen, wie man sich etwa bei Terrorattacken zu verhalten hat. Bei meiner ersten Übung redete ich mir ein, sie sei eigentlich wie eine Feueralarmübung. Allerdings wäre man bei einer solchen Übung nicht damit beschäftigt, auf Fragen von Erst- und Drittklässlern à la »Aber warum wollen Männer zu uns in die Schule kommen?«, »Was wollen die mit uns machen?« und »Warum laufen wir weg?« zu reagieren, bevor es Mitschüler tun können mit Antworten wie »Na, die wollen uns dann alle töten!«, »Es gibt Leute, die Juden hassen und deshalb umbringen« und »Mein Opa sagt, für die sind wir gar keine Kinder oder Menschen«. Letzteres sagte S. damals in der dritten Klasse und zuckte mit den Schultern. Er konnte referieren, was der Großvater ihm nähergebracht hatte, aber er begriff es zum Glück noch nicht. »Aber keine Angst«, fügte S. hinzu, »wir sind hier drinnen vor denen sicher.«

Die Pausen werden auf einem Pausenhof auf dem Dach verbracht, weit über allen möglichen Gefahren. Wenn ein öffentlicher Spielplatz besucht wird, braucht es unauffällige Sicherheitsleute, die auch Lehrkräfte sein könnten, um alle Passanten unauffällig in den Blick zu nehmen und darauf zu achten, dass sich kein Kind aus einem ideell abgesteckten Gebiet entfernt oder jemanden anspricht, der eine Gefahr bedeuten könnte. Ich habe die Pausen auf dem öffentlichen Spielplatz verabscheut; ich war nonstop nervös. Mir spukten dort stets die Worte meiner Oma sel. A. durch den Kopf:»Sicherheit ist kein Zustand außen, sondern nur ein Gefühl innen. Es lässt zu, uns freier zu bewegen, aber leider auch vergessen, dass es keine Garantie auf Unversehrtheit bietet.« Absolute Sicherheit gibt es niemals, auch wenn wir natürlich alles dafür tun, sie so hoch wie möglich zu schrauben und sie gleichzeitig so unsichtbar für die Schüler wie irgend möglich zu gestalten.

Wenn der Schultag am Nachmittag endet und Passanten sehen, wie mehrere Schüler auf einmal durch die beeindruckende Schleuse kommen und an Sicherheitsleuten oder Polizisten vorbeigehen, sind sie oft beeindruckt, irritiert oder geschockt.»Muss das denn sein!?«, wurde ich hin und wieder von Touristen oder Bürgern der Stadt gefragt. Es kann nicht sein, was nicht sein darf. Die Sicherheitsmaßnahmen sind nicht zuletzt eine Mahnung, dass es hierzulande ein großes, für Leib und Leben gefährliches Problem gibt. Dass die Polizei hier nicht etwa wie üblich nur bei einer temporären Gefahr anwesend ist, sondern dauerhaft, alltäglich präsent sein muss, ist ein weiterer, für viele nicht jüdische Deutsche kaum begreifbarer Anblick. Der Ausnahmezustand als Dauerzustand. Dabei sollte sich doch alle Irritation, alle Wut nicht gegen Sicherheitsschleusen und Security-Leute richten, sondern etwa gegen den herumschreienden Neonazi vor der Schule, der den Grundschülern Angst einjagt.

Und was sollte auch die Alternative sein? Weniger Sicherheit wäre fahrlässig, keine Sicherheit unmöglich. Keine jüdischen Schulen mehr? Dann könnten jüdische Schüler nie einmal eine Pause davon haben, eine Minderheit zu sein, nie erfahren, so wie alle anderen Anwesenden zu sein. Sie könnten keine jüdischen Feiertage im Schulalltag feiern, es gäbe keine koschere Mensa und Verpflegung, keine Unterweisung in jüdischen Traditionen, keinen jüdischen Religions- oder Hebräischunterricht als normale Schulfächer im Stundenplan. Und sie wären von möglichem Antisemitismus an nicht jüdischen Schulen bedroht.

Ich unterrichte seit Jahren Schüler nachmittäglich in Religion; einige machen Erfahrungen mit Antisemitismus und damit, dass ihre Klassenlehrer und Schulleitungen zu wenig oder nichts dagegen machen. Andere berichten von ernsthaften, aber vergeblichen, mitunter aber auch von erfolgreichen Anstrengungen und Repressalien gegen Judenhasser. Die meisten jüdischen Schüler erzählen mir aber, dass sie in ihren Klassen nicht erzählen, dass sie jüdisch sind. Sie antworten ausweichend, wenn es die Situation erfordert. Oder sie spielen den Bezug zu ihrem Jüdischsein herunter, weil sie Diskriminierung befürchten. Manche Schüler sagen aus Furcht nichts über Israel oder zur Schoah. Denn sie sind auch gut über die öffentlich gewordenen oder in der kleinen jüdischen Welt herumgesprochenen Fälle von Judenhass an Schulen informiert. Und besorgt.

Wenn Schüler mir von ihren Sorgen, ihren Problemen, ihren negativen Erfahrungen erzählen, gibt es Tage, an denen ich mich ehrlich wundere, wie es diese Kontinuität geben kann. Wie kann es sein, dass sie mir dieselben Dinge erzählen, die ich eine Generation vor ihnen erzählt habe? Dinge, die wiederum unsere Elterngeneration ihren Eltern erzählt hatte. Ein großer Unterschied ist dabei nur, dass man in den Nachkriegsjahren Angst vor dem Judenhass der christlichen deutschen Mitschüler hatte. Heute gibt es auch mancherorts vor allem eine Angst vor dem Antisemitismus muslimischer Mitschüler, zumindest in Westdeutschland und Berlin. Abseits dessen hat sich herzlich wenig verändert. Doch ich erzähle meinen Schülern nie, dass nicht sein kann, was nicht sein darf. Ich empöre mich nicht. Ich verspreche ihnen nicht, dass Antisemitismus verschwinden werde. Ich sage ihnen aber auch nicht, dass sie sich damit abfinden müssten, dass es nichts Neues unter der Sonne gäbe. Ich erzähle ihnen, dass Unsichtbarkeit oder Schweigen lediglich kurzfristig für Sicherheit sorgen. Und dass die größte Sicherheit im Schutz durch die Mehrheit bestünde. Die Mehrheit müsse allerdings zuerst begreifen, dass es ein Problem gibt, das es zu lösen lohne. Aber die Mehrheit könne nicht begreifen, was sie nicht selbst erfahre oder erklärlich bekomme. Das war häufig der Schlüssel, um antisemitische Probleme in den Schulen meiner Nachmittagsschüler zu lösen.

Wann endlich?

So normal Antisemitismus im jüdischen Leben Deutschlands ist, so wenig normal erscheint wiederum jüdisches Leben hierzulande zu sein. Unaufhörlich wird die Normalität jüdischer Existenz im Deutschland nach der Schoah im öffentlichen Diskurs erfragt. Dass Synagogen und andere jüdische Einrichtungen Festungen gleichen, könne nicht normal sein. Das mangelhafte Wissen über das Judentum, über die jüdische Geschichte dieses Landes, könne nicht normal sein. Das Verkrampftsein, das Unbehagen in einem jüdisch-nicht-jüdischen Miteinander in Deutschland könne nicht normal sein. Die Unsichtbarkeit könne nicht normal sein. Ich würde mir nichts mehr wünschen als eine Selbstverständlichkeit von jüdischem Leben in Deutschland. Dass es selbstverständlich wäre, dass Christen und Muslime schon einmal auf einer jüdischen Hochzeit getanzt haben, sie schon einmal eine Synagoge von innen oder sogar einen G'ttesdienst besucht haben. Dass jüdische Kinder keine Angst haben müssen, zu sagen und zu zeigen, wer sie sind, sofern sie das möchten. Dasselbe gilt für jüdische Erwachsene. Dass es hierzulande selbstverständlich wäre, dass Juden keine Fremden sind. Dass Verschwörungstheorien über sie nicht wahr sind. Dass Juden keine Objekte sind. Dass Juden eigene Traditionen, eine eigene Kultur, Geschichte, eigene Sprachen haben und es in Ordnung ist, dass sie anderen Gruppen in vielen Aspekten gleichen, in anderen Aspekten ähneln oder gleichen.

Ich bin davon überzeugt, dass es im Privaten, im Zwischenmenschlichen sehr viel Alltägliches, viel Normalität und Selbstverständlichkeit bereits gibt. Die meiste Zeit über ist der jüdische Alltag nicht berichtenswert: die gleichen Aufgaben, Nöte, Zwänge, Freuden, Banalitäten, die gleiche Langeweile wie überall. Bei den spezifischen Nöten – Antisemitismus oder die belastete deutsch-jüdische Geschichte – müssen wir von Konstanten ausgehen. Man muss alles daransetzen, diese Nöte zu minimieren, aber vergehen werden sie nie. Wir dürfen auch nicht der Illusion nachhängen, vor der Schoah wäre jüdisches Leben in Deutschland vollkommen normal und selbstverständlich gewesen; so als hätte es keinen Antisemitismus gegeben, kein Fremdeln, keine Abscheu Juden gegenüber, keine Beschränkungen für Juden in der Gesellschaft; so als hätten alle christlichen Deutschen den hebräischen Festkalender aufsagen und die örtliche Synagoge von innen beschreiben können. Es schien kein eitler Sonnenschein auf das deutsche Judentum vergangener Zeiten. Deutsche Juden vor der Nazizeit hatten gewiss ein größeres, weil über die Jahrhunderte erarbeitetes, errungenes Selbstverständnis und damit auch mehr Sichtbarkeit, als Juden es in Deutschland heute haben. Immerhin liegt die Schoah zwischen ihnen; es mag erneut Jahrhunderte dauern, bis wir an einen Punkt kommen, an dem wir vergessen, die Normalität jüdischer Existenz zu hinterfragen.

Zukunft

Am Tag der Levaje, der Beerdigung meiner Oma sel. A., empfand ich es als unsagbar schade, dass sie nicht mehr erlebt hatte, wie ich mein Rabbinerseminar abschließen und Rabbiner in unserer westfälischen Heimat werden würde. Meine Gemeinde in Münster hatte seit der Schoah keinen eigenen Rabbiner mehr. Es gab Zeiten, in denen ein Rabbiner für ein Dutzend Gemeinden einer ganzen Region zuständig war. Entsprechend selten bekamen wir ihn zu Gesicht, entsprechend wenig konnte er mit dem Ort und seinen Menschen verbunden sein. Ich wollte Rabbiner werden, um für meine Gemeinde da zu sein. Und um der jüdischen Gemeinschaft (bitte nie »community«) zu dienen, dazu beizutragen, ihr festeren Tritt auf öffentlichem Parkett, mehr Selbstwert, mehr Verständnis und Wissen über sich selbst, mehr Sichtbarkeit zu verleihen. Meine Oma lehrte mich nachdrücklich den Wert von Verantwortung. Ich bin kein Konsument meiner jeweiligen Gemeinde oder der gesamten jüdischen Gemeinschaft, ich trage Verantwortung für sie. Meine Verantwortung liegt hier; meine Oma hatte mir geholfen, das zu begreifen. Ebenso empfinde ich die Verantwortung, die alltäglichen und öffentlichen Vertreter der Mehrheitsgesellschaft kennenzulernen, sie über das jüdische Leben in Vergangenheit und Gegenwart aufzuklären. Damit ein Miteinander seltener eine Ausnahme, sondern ein Zustand wird.

Ich war noch etwas mehr als eine Woche nach der Beerdigung zum Trauern bei meiner Familie geblieben, bevor ich für ein Projekt mit dem Zug in eine andere Stadt fahren musste. Mein Vater setzte mich am Bahnhof im kleinen Minden ab und fuhr zur Arbeit weiter. Mein Zug hatte eine halbe Stunde Verspätung. Ich saß allein mit meinem Koffer und meinen Gedanken am Gleis. Die vergangenen Wochen, der Abschied von meiner Oma sel. A. kamen mir irreal vor. So als hätte das alles jemand anderes erlebt, von dem ich in einem Buch gelesen oder in einem Film gesehen hatte. Dazu passte jedoch nicht, dass ich derjenige mit dem Beerdigungsanzug im Koffer, mit der Erschöpfung in den Knochen ob der wochenlangen Schlaflosigkeit und den vor Weinen müden Augen war. Auf dem Griff meines Koffers hatte ich meinen Hut für alle Fälle (oder vielmehr den einen Fall: Antisemitismus) gelegt. Ich fühlte mich derart ausgelaugt, dass ich meinen Hut aufsetzte. Heute konnte ich niemandes Projektionsfläche, niemandes Zielscheibe, niemandes unfreiwilliger Gesprächspartner für eine absurde Weltherrschaftstheorie sein. Ich wollte von niemandem angesprochen werden.

Da rannte plötzlich ein kleines Mädchen aus der Seitentür der Bahnhofshalle energiegeladen und freudestrahlend zum Gleisrand. Kaum dort angekommen, schaute sie sich panisch zu allen Seiten um. Niemand da, den sie erwartet hatte. Doch anstatt den gleichen Weg zurückzulaufen, lief sie weinend das Gleis entlang immer weiter weg. Ich dachte mir, jeden Moment würde ein Elternteil aus der Bahnhofshalle gelaufen kommen. Zehn Sekunden vergingen, niemand kam, ich sprang auf, dem Mädchen hinterher. Sie war bereits in einer Sackgasse angekommen und weinte und schrie umso mehr. Sie stellte sich auf die Kante, ging in die Hocke und sah so aus, als würde sie überlegen, ob sie dort hinuntermüsste. Ich machte unaufgeregt auf mich aufmerksam und fragte sie, ob ich sie zu ihrer Familie zurückbringen dürfe. Das kleine Mädchen blieb in der Hocke, drehte ihren Kopf zu mir um und zeigte mir, dass sie drei Jahre alt sei. Anstandslos folgte sie mir und ergriff nach wenigen Metern meine Hand. Wieder an der Bahnhofshalle angekommen, sah ich noch von draußen durch die Fenster der Schwingtüren, wie ein Mann bei einem Berg aus Koffern und Taschen stand und eine Frau aufgeregt auf ihn zulief. Die Toiletten-Antisemitin. Sie schrie ihren Mann an, warum er noch beim Gepäck stehen würde. Sie könne ihre Tochter nirgends finden. Offenbar wusste sie nicht, dass nicht alle Gleise auf der Seite der Bahnhofshalle waren. Ein einziges Gleis war auf der anderen Seite. Dort, wohin ihre Tochter gelaufen war. Vor dieser Antisemitin wäre ich wohl auch geflohen.

Ich beugte mich zu dem Mädchen hinunter, nahm meinen Hut ab und sagte ihr: »Wir sind da. Guck mal, meine Kappe auf dem Kopf –«, »Die mag ich!«, unterbrach mich das Mädchen. »Gut«, erwiderte ich. »Ich hab so eine Kappe, weil ich Jude bin. Ich bin Jude. Juuu-de. Drinnen wartet deine Mama. Wenn sie fragt, wo du warst, sag ihr: ›Ein Jude hat mich gerettet‹, ja?« Ich wiederholte: »Ein Jude hat mich gerettet.« Sie wiederholte: »Jude hat mich geräddet.« Fast. Ich stieß die Schwingtür auf. Das Mädchen rannte sofort zu ihrem Buggy, um ein Stofftier zum Spielen daraus zu holen. Ihr Vater bemerkte das nicht, weil er einen Rucksack ausräumte. Die Mutter, die Antisemitin, bemerkte ihre Tochter hingegen sofort und lief auf sie zu, um sie direkt vor Schreck zu beschimpfen. »Wo warst du!?«, brüllte sie. In welchem Wortlaut das Mädchen darauf antwortete, weiß ich nicht zu sagen. Doch anhand der völlig irritierten Reaktion der Mutter nehme ich an, dass das Mädchen nach der Ad-hoc-Generalprobe eine gute Premiere abgeliefert hatte. Die Frau schaute zur Schwingtür, schaute mir direkt ins Gesicht. Sie sah mich an, als würde sie mich zum ersten Mal sehen. Sie lächelte. Da reckte das Mädchen ihr Stofftier hoch und rief ihm triumphierend zu: »Jude, Jude, Jude, Jude, Jude …!« Sie hörte gar nicht mehr auf. Der Antisemitin war das sichtlich unangenehm. Ich lächelte. Vielleicht würden wir mit der nächsten Generation mehr Glück haben.

Plötzlich biss das Mädchen fest in den Kopf des Stofftiers, schleuderte es mit seinem Gebiss hin und her und spuckte es zu Boden. »Jetzt bist du tot!«, rief das Mädchen. Mir verging das Lächeln. Ich wandte mich ungläubig ab. Kontinuität!

Der Zug fuhr in den Bahnhof ein. Ich eilte zu meinem Koffer, dann zum richtigen Gleisabschnitt. Wenn man weiß, was auf einen zukommt, kann man sich wenigstens darauf einstellen.

Was würde Platon dazu sagen? Ulv Philipper

Die Welt ist im Ausnahmezustand.
War das jemals anders?

Immer lauter hört man allerorts die Rufe nach der
Rückkehr zur Normalität. Das Normal als Sieg
über die Krise. Aber über welche Krise reden wir?
Was ist diese Normalität?

Was würde Platon dazu sagen?

Die einzige Gewissheit, die wir Menschen haben, ist
die der Veränderung. Wir befinden uns in einem ständigen Fluss. Aber anstatt uns mit der Strömung treiben
zu lassen, versuchen wir, sie zu stauen und zu kontrollieren. Die Angst vor der Veränderung erscheint so
übermächtig, dass wir uns die Normalität geschaffen
haben, um sie mit allen Mitteln zu verhindern.

Platon war Grieche. Natürlich! In den Straßen Athens
geboren, wurde er schon früh von guten Menschen gerettet und mit dem Versprechen auf ein besseres Leben
seinem vertrauten Umfeld entrissen. Akropolis adieu,
ich muss gehen! (Mireille Mathieu, ca. 1971 n. Chr.)

Anders als in einem bekannten griechischen Epos
endete seine Odyssee jedoch nicht mit der Heimkehr
in seine mediterrane Heimat, sondern in die Normalität der westfälischen Provinz.

Platon ist der Hofhund meines Nachbarn. Sein grauer
Bart und sein wissender Blick waren offenbar die
Grundlage seiner Namensgebung. Trotz seiner be-
wegten Vergangenheit strahlt er, wann immer man

ihm begegnet, eine tiefe Zufriedenheit aus. Man kann den Eindruck gewinnen, er kenne bereits die Antworten auf all die Fragen, die uns nicht zur Ruhe kommen lassen.

Die Normalität scheint das Mittel der Menschen zu sein, die Welt begreifen zu können, ein hilfloses Ordnungsinstrument, um von der Vielfalt der Schöpfung nicht überwältigt zu werden. Sie schaffen sich mit der Normalität eine Illusion, Herr über das eigene Schicksal sein zu können.

Durch künstliche Wertesysteme versuchen sie, die Dinge in »Richtig« oder »Falsch« beziehungsweise »Gut« oder »Böse« zu kategorisieren, um dann ein Leben lang an den eigenen Ansprüchen zu scheitern. Zwangsläufig wird mit dem Wunsch, das Richtige zu tun, das Falsche zum Feind, der ohne Rücksicht auf Kollateralschäden zum Guten bekehrt werden muss. Welche sinnlose Verschwendung von Lebenszeit.

Platon gähnt und runzelt die Stirn.

Die größte Stärke aller Säugetiere liegt in ihrer Fähigkeit, sich an jedes Umfeld anpassen zu können. Man könnte auch sagen, sie sind für Veränderungen wie geschaffen. Der Schlüssel der Evolution liegt in der Akzeptanz, dass es in der Natur kein Richtig oder Falsch gibt. Nur die Offenheit für das Neue lässt uns das schöpferische Potenzial der Veränderung erkennen.

»Alles ist normal, bis es sich verändert.«
(Platon, Hofhund 2022 n. Chr.)

Nicole Schmitz

Mein Tag hat 24 Stunden und 37 Minuten

Landung auf einem Asteroiden mit Hayabusa-2, Erkundungsmission zu den Eismonden des Jupiters mit dem Jupiter Icy Moons Explorer, Suche nach Spuren von Leben auf dem Mars mit dem NASA-Rover Perseverance. Das klingt nach Science-Fiction. Für mich ist es Normalität, Alltag. Seit 15 Jahren arbeite ich im Institut für Planetenforschung des Deutschen Zentrums für Luft- und Raumfahrt in Berlin. Als Wissenschaftlerin und Ingenieurin erforsche ich unser Sonnensystem mithilfe einer Flotte von Forschungssatelliten. Immer öfter geschieht das auch mithilfe fahrender Roboter oder »Rover«, die wir auf die Oberfläche der Planeten, Monde, Asteroiden und Kometen senden, da wir sie selbst (noch) nicht zu betreten vermögen. Mein Lebensgefährte ist Geologe und hat sich ebenfalls der Erforschung des Mars verschrieben. Insofern ist es für uns beide völlig normal, am Frühstückstisch die aktuellen Entdeckungen in unserem Sonnensystem zu diskutieren und vor dem Einschlafen über unsere Pläne für Forschungsmissionen zu fernen Welten zu philosophieren.

Als aber am 18. Februar 2021 der NASA-Rover Perseverance nach 471 Millionen Kilometern Reise auf dem Mars landet, wird auch für mich aus der Normalität ein Ausnahmezustand. Perseverance ist ein kleinwagengroßer Forschungsroboter auf sechs Rädern. Ausgerüstet mit 16 Kameras und sieben wissenschaftlichen Messinstrumenten, einem Laser, einem Mikrofon und einem Minihubschrauber soll uns

...erseverance helfen, die geologische Entwicklung des Mars besser zu verstehen, und herausfinden, ob es auf dem Mars emals Leben gegeben hat. Am Abend der Landung kommentiere ich die Ankunft des Rovers für »ZDF heute« live. Nur ein paar Stunden später, immer noch mitten in de Nacht, schalte ich mich per Videokonferenz mit dem internationalen Perseverance-Team zusammen, bestehend aus mehreren Hundert Wissenschaftlern, Ingenieuren und Missionsmanagern. Diese Videokonferenz markiert den Übergang in eine Zeit, in der sich mein Leben nach der lokaler Uhrzeit im Jezero-Krater auf dem Mars richten wird. Seitdem hängt mein Tagesrhythmus davon ab, wann wir über verschiedene Relay-Satelliten in den Umlaufbahnen von Mars und Erde mit Perseverance kommunizieren können.

Das Leben »nach Marszeit« ist eine Tradition, die auf die erste Marsrover-Mission »Mars Pathfinder« im Jahr 1997 zurückgeht. Um die Effizienz während der ersten Monate der Mission zu maximieren, stellt das Team vorübergehend auf einen 24-Stunden-und-37-Minuten-Mars-Tag um. Normalerweise versammelt sich das Team während der erster 90 Missionstage, genannt Sols, im Jet Propulsion Laboratory der NASA in Kalifornien. Aufgrund der Covid-19-Pandemie können wir diesmal aber nicht nach Kalifornier umziehen. Stattdessen arbeitet ein Großteil des Perseverance-Teams von zu Hause aus, in den USA, in Kanada Australien und in verschiedenen Ecken von Europa. Egal ir welcher Zeitzone wir zu Hause sind, wir alle stellen unserer Tagesrhythmus vorübergehend auf die Marszeit um.

Das bringt so einige Herausforderungen mit sich, denn um mich herum herrscht weiter mitteleuropäische Winterzeit mi einem 24-Stunden-Tag. Da ich neben Perseverance noch...

weitere, irdische Arbeitsaufgaben im DLR zu bewältigen habe, muss ich versuchen, Marszeit und Erdzeit so gut es geht zu kombinieren. Leben nach Marszeit ist so, als würde man alle drei Tage zwei Zeitzonen nach Westen reisen. Meine Schicht beginnt jeden Tag 37 Minuten später als am Vortag. Ständiger Jetlag. Schnell verliere ich mein Zeitgefühl. Welcher Tag ist heute? Wie spät ist es? Die NASA-App »Space Time« gibt Auskunft über die Uhrzeit auf dem Mars. Die müden Gesichter meiner Kollegen auf den Computerbildschirmen geben mir eine Vorstellung davon, wie spät es dort ist, wo sie sich gerade befinden. Tag oder Nacht? – Ein Blick aus dem Fenster hilft. Den Wochentag zu kennen, ist nicht wichtig – auf dem Mars gibt es sowieso keine Wochenenden.

Bevor daraus Normalität werden kann, ist es auch schon vorbei. Die Herausforderungen eines Lebens nach Marszeit im Homeoffice und in Zeiten einer globalen Pandemie haben zu großer Erschöpfung bis ins Management geführt. Nach 70 statt der geplanten 90 Sols hat die NASA auf »modifizierte« Erdzeit umgestellt.

Carolin Müller-Spitzer
Der Kampf ums Gendern
Kontextualisierung der Debatte um eine
geschlechtergerechte Sprache

Wir alle sind derzeit Zeug*innen einer besonderen Form von Sprachwandel, nämlich der Diskussion rund um Sprache und Geschlecht. Verfolgt man die Debatte um geschlechtergerechte Sprache, ist ein wiederkehrendes Argument, dass sich Sprache »natürlich« entwickele, und solch ein »schwerer Eingriff«[1] – wie es geschlechtergerechte Sprache sei – in das organische System der Sprache unangemessen und vielleicht sogar »gefährlich« sei. Es klingt so, als seien solche »Eingriffe« noch nie da gewesen. Allerdings sind politisch motivierte, bewusst herbeigeführte Sprachwandelprozesse weder ungewöhnlich noch neu. Doch wie verliefen sie in der Vergangenheit und was kann man daraus für die Debatte um geschlechtergerechte Sprache lernen? Um diesen Fragen nachzugehen, werde ich zunächst exemplarisch einen kurzen Blick auf zwei sprachpolitisch motivierte Sprachdiskussionen der Vergangenheit werfen, und zwar den Kampf gegen Fremdwörter, vor allem im Kontext der Rechtssprache, und die Selbstbezeichnung schwuler und lesbischer Menschen.

Der Kampf gegen »Fremdwörter«

Nach Gründung des Deutschen Reiches war auch die Sprache ein sehr wichtiger Schauplatz zur Bildung nationaler Identität geworden. Sprachreformer schlossen sich 1885 im »Allgemeinen Deutschen Sprachverein« zusammen, um das »sprachliche Gewissen im Volke zu schärfen«

und »mit dem Aufschwung der Nation auch das Sprachgewissen wieder lebendiger« werden zu lassen.[2] Wichtigstes Projekt war die Etablierung von »Ersatzwörtern«, um »Fremdwörter« zu vermeiden. Die Mitglieder des Vereins, eher Nationalbegeisterte aus dem akademischen Bildungs-bürgertum als Fachwissenschaftler*innen, gewannen recht schnell an Einfluss. Führende Köpfe aus Wissenschaft und Kunst sprachen zwar von »sittenwidriger Schnellprägung von Ersatzwörtern«, doch insbe-sondere in der Sprache des Rechts fand der Verein ein Betätigungsfeld. Das wichtigste Rechtsprojekt war das neue Bürgerliche Gesetzbuch. Die Mitglieder des Sprachvereins forderten die Eindeutschung aller recht-lichen Begriffe und waren damit so erfolgreich, dass es sie »mit Ge-nugthuung erfüllte«, wie sehr in der finalen Fassung des BGB ihren Bemühungen entgegengekommen wurde. Statt *Civilgesetzbuch* hieß es nun *Bürgerliches Gesetzbuch*, statt *Domizil Wohnsitz*, statt *Interessent Be-teiligter*, statt *Publikation Bekanntmachung*, statt *Dividende Gewinnanteil* oder statt *Protest Einspruch*. Diese Liste ließe sich noch lange fortsetzen. Damit war die Eindeutschung des Privatrechts gelungen und Schwung für weitere Bemühungen vorhanden. So wurden auch die Mitarbeiter*in-nen des Reichsjustizministeriums der Weimarer Zeit noch als »Wort-Graveure« gerühmt.[3]

Warum war diese Bewegung so erfolgreich? Die Idee einer »natio-nalen« Sprache war eingebettet in die Zeit nach der deutschen Reichs-gründung: Das neu gewonnene nationale Selbstbewusstsein fand im Bemühen um eine möglichst »reine« deutsche Sprache ein ideales An-wendungsfeld. Sprache und Nation wurden zusammen entwickelt und von vielen zusammengedacht. So hieß es auf der Hauptversammlung des Allgemeinen Deutschen Sprachvereins 1890 zum Vorwurf der Sprach-planung (der durchaus immer mal wieder erhoben wurde). Das »be-wußte Bemühen um die Hebung der Sprache« dürfe man nicht als »unnatürliches Eingreifen« betrachten. Dezidiert richtete sich der Redner dabei gegen Entlehnungen aus dem Französischen wie *Coupé*. Solche Wörter durch Wörter mit deutschem Stamm wie *Abtheil* zu ersetzen, sei ein »Grundrecht«, »fremde Wörter« seien »Dirnen«, heimische dagegen

»Fleisch von unserem Fleische und Blut von unserem Blute«. Überhaupt habe man Sprache nicht »werden lassen«, sondern gestaltet, und zwar »um der Einheit der Nation willen«.[4]

Bei der Eindeutschung der deutschen Rechtssprache handelt es sich um ein Projekt, das von gut organisierten »Sprachpflegern« der nationalen Bewegung initiiert und von den Institutionen des Staates gestützt wurde und zudem bei der Entwicklung eines maßgeblichen, einflussreichen, neuartigen Gesetzeswerkes schnell Kodexcharakter einnehmen konnte. Es war demnach eine sprachpolitisch geplante, gezielte Umwälzung, die im Einklang mit dem Handeln politisch einflussreicher Akteure stand.

Noch heute versucht der »Verein Deutsche Sprache« diese Tradition mit dem »Anglizismenindex« weiterzuführen, in dem *Baby* durch *Kleinstkind* zu ersetzen sei, *Babysitter* durch *Kinderhüter*, *Backgammon* durch *Würfelbrettspiel*, *Bagel* durch *Ringsemmel*, *Bashing* durch *(öffentliche) Abwatschung*, *Blog* durch *Netztagebuch* usw.[5] Auch in seinen »Thesen zur deutschen Sprache« greift er die Idee der Sprachplanung auf: »Es besteht dringender Bedarf an professioneller Planung der Entwicklung und Verwendung der Sprache.« Man müsse die »Anglisierung des Deutschen« »bekämpfen: Sprachentwicklungen sind in bestimmtem Umfang lenkbar. [...] Dies erfordert politischen Willen und professionelle Planung.«[6] Mit Fremdwortkritik oder speziell Anglizismenkritik können Sprachpurist*innen wie der Verein Deutsche Sprache heute anders als der Allgemeine Deutsche Sprachverein Ende des 19. Jahrhunderts bis auf begrenzte Kreise mit wenig Anschlussmöglichkeit in die breite Öffentlichkeit keine große Aufmerksamkeit mehr auf sich ziehen. Das Thema »Gendern« hingegen hat sie wieder in die großen Zeitungen gebracht. Vor einem genaueren Blick auf den feministisch motivierten Sprachwandel ist jedoch ein Blick auf die sprachliche Spiegelung der emanzipatorischen Bestrebungen von »Homosexuellen« hilfreich.

Die »Sprache der Gosse« im Bundestag

Es würde zu weit vom Thema wegführen, die Geschichte und die Erfolge der Lesben- und Schwulenbewegung und alle sprachlichen Kämpfe, die diese mit sich brachten, an dieser Stelle historisch nachzuzeichnen. Es sei nur kurz erinnert, dass erst 1990 die WHO offiziell entschied, dass Homosexualität keine psychische Krankheit sei, 1969 zwar die Strafverfolgung von Lesben und Schwulen aufgehoben wurde, aber erst 1994 der berüchtigte Paragraf 175 ersatzlos gestrichen wurde und gleichgeschlechtliche sexuelle Handlungen mit heterosexuellen rechtlich gleichgestellt wurden. *Schwul* und *lesbisch*, so wie auch das englische *gay*, waren entsprechend der Diskriminierung von Homosexuellen Stigmawörter, das heißt Diffamierungs- und Beschimpfungsvokabeln. Relikte finden sich auch heute noch in der Jugendsprache: Wenn etwas »voll schwul« ist, ist es meist nicht wirklich gut. Die Lesben- und Schwulenbewegung selbst kaperten aber diese Wörter und nutzten sie zur Selbstbezeichnung, sodass sie heute neutral verwendet werden können.[7]

Eine konkrete Begebenheit aus dem Jahr 1988 im Deutschen Bundestag soll exemplarisch die Sprachdiskussionen um diese Selbstbezeichnung verdeutlichen.[8] Hintergrund waren verschiedene sprachliche Kämpfe, die vor Gericht verhandelt wurden. Zunächst wollte das »Feministische Frauengesundheitszentrum Berlin« eine Anzeige schalten, in der das Wort »Lesben« vorkam. Die Deutsche Postreklame GmbH lehnte den Druck der Anzeige ab, weil das Wort »Lesben« gegen die »guten Sitten« verstoße. Die Klage des Frauenzentrums wurde vom Amtsgericht Frankfurt mit einer interessanten Begründung abgelehnt: Der Text verstoße wegen seiner vulgären Wortwahl gegen die Achtung »derjenigen Frauen, die in ihrem erotischen Empfinden sich zu weiblichen Partnern hingezogen«[9] fühlen, sei also diskriminierend gegenüber lesbischen Frauen. Das Amtsgericht meinte also besser als ein feministisches Frauenzentrum zu wissen, welche Bezeichnung in diesem Kontext angemessen sei. Diese linguistische Auseinandersetzung brachten vier grüne Abgeordnete durch eine »Kleine Anfrage« dem Bundestag zur

Kenntnis und beantragten die Klärung, ob die Bundesregierung ihren Einfluss geltend machen könnte, dass die oben erwähnte Anzeige in Berlin erscheinen könne, bis hin zu, ob sie »das Recht auf Selbstbezeichnung im Sinne einer emanzipatorischen Meinungsäußerung für Schwule und Lesben« garantieren könne. Außerdem wollten die Grünen noch einen Antrag zum Thema »Beeinträchtigung der Menschen- und Bürgerrechte von Schwulen und Lesben durch die Section 28 in Großbritannien« vorbringen.

Der Präsident des Deutschen Bundestags, Philipp Jenninger, lehnte die Aufnahme des Antrags in dieser sprachlichen Form ab, weil die Begriffe »Schwule und Lesben« nicht vom ganzen Haus akzeptiert werden würden. Er würde sie nur auf die Tagesordnung nehmen, wenn von »Homosexuellen und Lesbierinnen« geschrieben werde. Auf die schriftliche Erläuterung der Antragstellenden, dass »Schwule und Lesben« erstens die frei gewählten Selbstbezeichnungen der Bewegung und seine Alternativen nicht akzeptabel beziehungsweise schlichtweg falsch seien, antwortete nun Annemarie Renger, da Jenninger mittlerweile zurückgetreten war. Schriftlich hieß es: »Die Begriffe ›Schwulen-‹ und ›Lesbenbewegung‹ mögen zwar inzwischen von der Umgangs- in die Hochsprache übergegangen sein, sie können aber trotzdem nicht von allen Mitgliedern des Hauses akzeptiert werden. Ich darf daran erinnern, daß sich auch der Ältestenrat am 29. September mit breiter Mehrheit dagegen ausgesprochen hat, die Verwendung derartiger Begriffe zuzulassen.«[10] Der CSU-Abgeordnete Wittmann betonte, die Begriffe »Schwule und Lesben« seien »Sprache der Gosse« und dem »Hohen Haus« nicht würdig. Die Grünen wechselten daraufhin von konfrontativen zu subtilen Methoden und reformulierten den Antrag mit einer Kunstbezeichnung: »Beeinträchtigung der Menschen- und Bürgerrechte der britischen Urninge und Urninden …«, und so wurde der Antrag auch tatsächlich verhandelt.[11] In der Erläuterung schrieben sie, dass die Begriffe auf eine Schrift von 1864 zu »mannmännlicher Liebe« stammten und sie lieber auf diese antiquierte Selbstbezeichnung zurückgriffen, als »Homosexuelle und Lesbierinnen« zu verwenden. Ab 1991 dann durften auch die

Bezeichnungen »Schwule und Lesben« in die offiziellen Verhandlungen und damit in die Protokolle aufgenommen werden.

Interessant an diesem Sprachkampf ist, dass die Ablehnung der Begriffe durch die CDU/CSU-Bundestagsfraktion und Teile der SPD sowie das gerichtlich ablehnende Urteil sich nicht offen gegen die sprachlichemanzipatorischen Bestrebungen der Schwulen- und Lesbenbewegung stellt. Vielmehr wird die Ablehnung der Begriffe als Schutz für die Betroffenen inszeniert und außerdem davon ausgegangen, dass man über genauso gute und »würdigere« Alternativen verfüge.

Die zunehmende gesellschaftliche Sichtbarkeit und Anerkennung nicht heterosexueller Beziehungen dauerte lange und hält heute noch an. Noch 2017 sagten laut der Antidiskriminierungsstelle des Bundes 44 Prozent der Befragten, Homosexuelle sollten aufhören, »so einen Wirbel um ihre Sexualität zu machen«.[12] Ein sprachlicher und symbolischer Meilenstein war sicherlich, dass Barack Obama in der Antrittsrede zu seiner zweiten Amtszeit zum ersten Mal das Wort *gay* verwendete. Er verwies auf die amerikanische Unabhängigkeitserklärung und erklärte: »It is now our generation's task to carry on what those pioneers began. For our journey is not complete until our wives, our mothers, and daughters can earn a living equal to their efforts. Our journey is not complete until our gay brothers and sisters are treated like anyone else under the law – for if we are truly created equal, then surely the love we commit to one another must be equal as well.«[13] Dies wurde jedoch auch gleich als »Kampfansage an das konservative Amerika« gewertet.[14] Ein weiterer wichtiger Schritt, den die LGBTQ+-Bewegung schon lange fordert, ist die Ergänzung des Grundgesetzes. Im neuen Koalitionsvertrag 2021 der Bundesregierung wird versprochen, den Artikel 3 Absatz 3 des Grundgesetzes um ein »Verbot der Diskriminierung wegen sexueller Identität«[15] zu ergänzen. Genauso gibt es zum ersten Mal einen Queer-Beauftragten der Bundesregierung. Die Zeiten haben sich demnach gegenüber den »Urningen und Urninden« erheblich gewandelt.

Was kann man aus diesen Sprachkämpfen lernen?

Beiden beschriebenen politisch motivierten Sprachkämpfen ist gemeinsam, dass sie eng in einen kulturellen Kontext eingebettet sind. Ohne die historischen und gesellschaftlichen Bedingungen, in denen sie stattfanden, können sie weder erklärt noch nachvollzogen werden. Zwei Aspekte sind für das Thema von Sprache und Geschlecht besonders relevant: 1. Sprachkonservative Kräfte haben nichts gegen politisch motivierte »Spracheingriffe« an sich, sondern es kommt auf die Ziele an. Beim Gendern heute sind sie abzulehnen –»Der Verein Deutsche Sprache e.V. fordert alle Freunde der deutschen Sprache auf, den aktuellen Bestrebungen der Dudenredaktion zu einem Umbau der deutschen Sprache entgegenzutreten«[16] –, bei der »Bekämpfung der Anglisierung« oder allgemein beim Kampf gegen Fremdwörter willkommen. 2. In der Abwehr der sprachlichen Sichtbarkeit ehemals diskriminierter und marginalisierter Gruppen werden die eigentlichen Motive der Ablehnung der selbst gewählten Bezeichnungen verschleiert.

Die langsame Entwicklung geschlechtergerechter Sprache

Auch der Wandel hin zu geschlechtergerechter Sprache ist in langjährige feministisch motivierte Emanzipationsbestrebungen eingebettet und keineswegs vom Himmel gefallen. Drei Stationen aus dem Bundestag sollen hier exemplarisch genannt werden, um dies zu verdeutlichen.

Vorangestelltes *Frau* in Abgeordnetenlisten

Ein bekanntes soziolinguistisches Phänomen ist, dass Abweichungen von dem, was als Normalität vorausgesetzt wird, sprachlich gekennzeichnet wird. So ist *das andere Geschlecht* nicht das männliche Geschlecht, wenn jemand *vom anderen Ufer* ist, ist er nicht heterosexuell, und wenn Menschen nicht weiß sind, wurden sie bei uns lange als *farbig* bezeichnet, als hätten die hellhäutigen Menschen nicht auch unterschiedliche »Farben«.

So eine Abweichung von der Norm zeigen die Plenarprotokolle lange Zeit in ihren Namenslisten, in denen nur bei weiblichen Abgeordneten die Einordnung *Frau* vorangestellt wurde. Namenslisten lauteten dann zum Beispiel:»Dr. Ahrens, Baum, Frau Beer, Dr. Biedenkopf, Biehle, Büchner (Speyer), Carstensen (Nordstrand), Frau Dr. Däubler-Gmelin«.[17] Erst 1991 wurde diese Praxis aufgegeben, allerdings nicht ohne zahlreiche Diskussionen, ob das notwendig sei. Zum Beispiel kritisierte 1987 Marliese Dobberthien von der SPD die ausschließliche Verwendung der Anrede für Frauen in Bundestagsdrucksachen:»Auch alle Bundestagsdrucksachen weisen völlig unnötige geschlechtsspezifische Formulierungen auf, wo Männer die Regel, die Norm sind, die Frauen aber nur das Besondere, auf das man eigens hinweisen muß. Zum Beispiel in Verzeichnissen: Warum setzen wir nicht auch ein ›Herr‹ vor die Abgeordneten bei Auflistungen? Haben unsere Männer nicht ein bißchen mehr Höflichkeit verdient?«[18] Die ersten Frauen im Bundestag waren für den politischen Raum noch Ausnahmeerscheinungen. Es ist erst 30 Jahre her, dass dieser Ausnahmezustand in den Protokollen zur Normalität wurde.

Anrede: Frau Präsidentin oder Frau Präsident?

Als 1972 mit Annemarie Renger erstmals eine Frau zur Bundestagspräsidentin gewählt wurde, beglückwünschte sie der Alterspräsident mit den Worten:»Frau Präsident, ich übermittle Ihnen die Wünsche des Hauses und bitte Sie, diesen Platz einzunehmen.«[19] Auch andere Ministerinnen wie etwa Ministerin Katharina Focke (1972–1976) wurde mit»Focke, Minister für Jugend, Familie und Gesundheit« bezeichnet. Diese Praxis hielt sich bis Ende der 1980er-Jahre, wobei sich hier schon in den Debatten zeigt, dass ein Wandel gefordert wird:»Vizepräsident Cronenberg: Das Wort hat der Bundesminister für Jugend, Familie, Frauen und Gesundheit, Frau Süssmuth. (Frau Schmidt [Nürnberg] [SPD]: Das ist die Bundesministerin!) – Frau Ministerin, Sie haben das Wort.«[20]

Heute ist im»Protokoll Inland«[21] festgehalten, dass Funktionsträgerinnen mit»Präsidentin« oder»Ministerin« sowohl mündlich als auch schriftlich angesprochen werden sollen. Die AfD ist die einzige Partei, die diese Praxis wiederholt durchbricht, was aber mittlerweile durch Ordnungsrufe im Parlament geahndet wird. Geändert wurde die Benennungspraxis offiziell im Zuge eines Beschlusses zu einer geschlechtergerechten Rechtssprache, einem Vorhaben, das Anfang der 1990er-Jahre fraktionsübergreifend für sinnvoll erachtet wurde.

Geschlechtergerechte Rechtssprache

Den folgenden Beschluss, der am 24. Juli 1991 im Bundestag mit Stimmen der CDU/CSU und FDP beschlossen wurde, könnte man fast in der aktuellen Zeit verorten:»Die Bundesregierung wird aufgefordert, ab sofort in allen Gesetzentwürfen, Rechtsverordnungen und Verwaltungsvorschriften geschlechtsspezifische Benennungen/Bezeichnungen zu vermeiden und entweder geschlechtsneutrale Formulierungen zu wählen oder solche zu verwenden, die beide Geschlechter benennen.« Dieser Beschluss kam auf Basis eines Antrags der CDU/CSU-Fraktion zustande. Die SPD, die Grünen und die Linke hatten einen noch weitgehenderen Beschluss vorgelegt, der mehr Verbindlichkeiten vorsah, deshalb enthielten sich diese Abgeordneten. Aber man war sich parteiübergreifend einig, dass der ausschließliche Gebrauch des generischen Maskulinums in der Rechtssprache nicht mehr angemessen sei. Diesem waren lange Diskussionen vorausgegangen, wie der parlamentarische Staatssekretär Rainer Funke (FDP) ausführte:»Diese kritische Haltung unserer Sprache gegenüber wird inzwischen ernst genommen und akzeptiert. Das war nicht immer so. Bis hierhin war es ein mühsamer und ein langer Weg; ein Weg, der mit kontroversen Auffassungen, zuweilen auch mit gegenseitigen Vorwürfen von Frauen und Männern, mit überspannten Vorstellungen und unsachlichen Repliken begann.«[22] Auch dass die Sprachverwendung etwas mit der Gleichbehandlung zu tun hat, wurde im Beschluss explizit herausgestellt:»Die korrekte Anrede und Bezeichnung von Frauen hat große Bedeutung für die Gleichbehandlung von Frauen und Männern in der sozialen Wirklichkeit. Dies gilt insbesondere für die auf konkrete Sachverhalte und Personen bezogene Amtssprache. Aber auch die Wortwahl der Vorschriften bedarf einer Überprüfung.«[23]

Die Bemühungen um sprachliche Gleichstellung waren eng an die Erfolge der Frauenbewegung geknüpft. Sie kamen nicht einfach so als natürliche Entwicklungen, sondern wurden in allen einzelnen Schritten und vielen Diskussionen erstritten. Seither sind viele neue Gesetze nach dieser Vorgabe formuliert worden.[24] Das generische Maskulinum, also die Verwendung eines Wortes wie *der Arbeitnehmer* oder *der Minister* für alle Menschen, die diese Funktion haben, ist nicht nur in der Rechtssprache immer weiter zurückgegangen. Auch in den Neujahrs- oder Weihnachtsansprachen der Bundeskanzler*innen und Bundespräsidenten der letzten 30 Jahre macht das generische Maskulinum nur einen kleinen Teil der Personenbezeichnungen aus, viel häufiger sind Doppelformen wie *Bürgerinnen und Bürger* oder *Polizistinnen und Polizisten*, geschlechtsneutrale Bezeichnungen wie *Rettungskräfte, Alte* oder *Arbeitslose* sowie Umschreibungen mit *wir alle, alle, die* usw. Olaf Scholz hat in seiner ersten Neujahrsansprache sogar keine einzige Personenbezeichnung im generischen Maskulinum verwendet.[25] Trotzdem blieben alle Schlagzeilen in der Richtung:»Olaf Scholz gendert« aus. Das führt uns zur Frage, worüber wir im Moment eigentlich streiten.

Streitpunkte in Bezug auf Sprache und Geschlecht

Der Rückzug des generischen Maskulinums, in der Anrede, in Funktionsbezeichnungen, in Gesetzestexten und in vielen anderen Kontexten, ist ein kontinuierlicher Prozess, der durch die Emanzipationsbestrebungen der Frauenbewegung angestoßen wurde und sich seit gut 30 Jahren auch in sprachpolitisch motivierten Veränderungen des sprachlichen Usus zeigt. Diese Veränderung ist auch keineswegs auf den deutschsprachigen Raum beschränkt, sondern ein internationales Phänomen. So schreibt beispielsweise Tom McArthur, Herausgeber der Zeitschrift *English Today*, schon 1986 zum generischen Gebrauch des Personalpronomens *he*, den er bei einem anderen Autor gelesen hatte, dass dieser sich wahrscheinlich damit verteidigen würde, dass »the traditional generic *he* has covered both men and women«. Er hingegen argumentiert: »The crucial point is that for the generation and tradition to which he belongs to this is so, but nowadays a new generation of feminists and humanists is creating a new tradition, and within *that* tradition the use of generic *he* is not acceptable. It was acceptable to me once upon a time; now it obtrudes into my consciousness, and I avoid it in my own usage.«[26] Es ist, wie bei den anderen Sprachkämpfen auch, eine kulturelle Umwälzung, eine wandelnde gesellschaftliche Norm, die sich in der Veränderung des Sprachgebrauchs niederschlägt.

Die These, dass das grammatische Geschlecht bei Personenbezeichnungen nichts mit der Geschlechtsidentität der bezeichneten Personen zu tun hat (»Genus ist nicht gleich Sexus«[27]), ist damit vom Usus schon überholt, vor 30 Jahren eigentlich vom breiten politischen Spektrum bereits anders gesehen geworden und übersieht daneben »Jahrzehnte an linguistisch-semantischer Theoriebildung sowie empirischer Forschung zu der Frage, wie genau sprachliche Zeichen Bedeutung vermitteln«[28]. Trotzdem wird die aktuelle Diskussion um geschlechtergerechte Sprache oft auf dieser grundsätzlichen Ebene geführt. Unversöhnlich scheinen sich zwei diametral entgegengesetzte Positionen gegenüberzustehen. Das Thema »Gendern«, das eigentlich alle Formen geschlechtergerechter Sprache umfasst (Doppelformen wie *Bürgerinnen und Bürger*, Neutralisierungen wie *Führungskraft* oder *Vertrauensperson*, Sachbezeichnungen wie *Staatsoberhaupt*, Umformulierungen wie *alle diejenigen, die* oder *ärztlicher Rat* etc.[29]), wird dabei reduziert auf das Thema »Genderstern verwenden: ja oder nein?«. Und genau die Adressierung von Menschen, die sich weder als Mann noch als Frau sehen, scheint auch der eigentliche Streitpunkt zu sein.

Im Zuge der #MeToo-Bewegung und der Emanzipationsbestrebungen der Queer-Community ist zum einen das Thema Geschlechtergerechtigkeit und Sexismus, zum anderen die Frage der geschlechtlichen Vielfalt und ihrer Akzeptanz zu einem breit diskutierten Thema geworden. In Deutschland hat insbesondere auch die rechtliche Anerkennung von mehr als zwei Geschlechtern im Jahr 2017 die Frage dringender gemacht, wie beispielsweise Stellenanzeigen formuliert werden sollen. Als Zeichen hat die Queer-Community, nachdem in den 1990er-Jahren die Schreibweise trans* zur Kennzeichnung von Transgeschlechtlichkeit üblich wurde, den Stern als Symbol in Personenbezeichnungen wie *Bürger*innen* empfohlen.

Hier kommen nun – sozusagen als ideale Ausgangsbedingungen für einen »Sprachkampf« – zwei Aspekte zusammen: Auf der einen Seite ist die Sicht, dass es nicht nur Männer und Frauen gibt, sondern dass sich die Welt bunter darstellt, wahrscheinlich nichts, was für viele schon Normalität darstellt. Zum anderen machen es die geschlechtsspezifischen Sprachen, die bei den Nomina grammatische Kategorien (Maskulinum/Femininum) zur Kennzeichnung von Geschlechtsidentitäten verwenden, auch besonders herausfordernd. Denn es gibt keine »dritte Option« im Grammatiksystem. Neutralisierungen und Umschreibungen bieten sich als geschlechtsneutrale Alternativen an, aber wenn diese nicht ausreichen, werden neue Kennzeichnungen verwendet, beispielsweise *Bürger*innen* im Deutschen, der Mediopunkt, etwa in der Form *candidat·e* im Französischen, im Spanischen Neuschöpfungen wie -e in der Endung statt -o und -a, zum Beispiel *les bomberes, les ministres*. Auch neue geschlechtsneutrale Pronomen sind in mehreren Sprachen schon entwickelt worden, die teilweise bereits weiter verbreitet sind, wie das schwedische *hen* oder das singularische *they* im Englischen, teilweise aber auch noch eher ungewöhnlich sind, wie *sier* im Deutschen oder *iel* als Hybrid aus dem maskulinen *il* und dem femininen *elle* im Französischen.[30] Diese sprachlichen Mittel sind auffällig und ungewohnt, sodass sie auch jenen auffallen, die die schleichende Zurückdrängung des generischen Maskulinums vorher nicht bemerkt haben. Aber auch die neuen deutschen Rechtsbegriffe Ende des 19. Jahrhunderts waren bewusste und neu geschaffene Wortprägungen. Sprachgeschichtlich sind diese Entwicklungen nicht singulär, sondern die Ziele und Mittel (zum Beispiel metasprachliche Zeichen) sind verschieden.

Dieser aktuelle Sprachwandel führt überdies zu konkurrierenden Formen sprachlicher Normen, die die Lage noch einmal unübersichtlicher machen. Auf der einen Seite sind die neuen Formen wie der Genderstern von der amtlichen Rechtschreibung noch nicht abgedeckt, orthografisch also ein Normverstoß, aus Gründen der Semantik (also der Wortbedeutung) werden sie aber von immer mehr Sprecher*innen und Schreiber*innen, auch von Institutionen wie dem Goethe-Institut, Modellsprecher*innen[31] in Nachrichtensendungen oder Journalist*innen gewählt. Der Sprachwandel und das Ringen um die »richtige« Form werden so sichtbar.[32]

Anstatt aber über die Wahl der sprachlichen Mittel und die Frage, ob und mit welchen Mitteln Queer-Identitäten in der Sprache sichtbar sein sollen, dezidiert zu diskutieren, werden immer wieder Pro- und-Kontra-Diskussionen über das Thema Gendern an sich, über die Legitimität von »Spracheingriffen« oder »natürlicher Entwicklung« und vielem mehr geführt. Dabei geraten der bereits gefundene Konsens und der eigentliche Ausgangspunkt der aktuellen Debatte aus dem Blick. Wie auch für vergangene Sprachdebatten gilt hier, dass der zu »beobachtende ›Sprachkampf‹ [...] eigentlich ein Kulturkampf« ist. Denn es geht bei den verhandelten Fragen »tatsächlich um das große Ganze, um die grundsätzliche Infragestellung von Grundlagen unserer Weltwahrnehmung« und »um emanzipatorische, vor allem aber um post-essentialistische Erfahrungen, Deutungen und Partizipationsansprüche«[33].

Die neuen sprachlichen Formen wie der Genderstern treffen aber auch auf Bedenken, die weniger mit ihrer Semantik, sondern vor allem mit der Sprachästhetik zu tun haben. Für eine konstruktive Debatte wäre es wichtig, diese Aspekte besser herauszukristallisieren und nicht unter der Grundsatzfrage »Gendern oder nicht?« zu subsumieren. Denn wenn das Anliegen, geschlechtergerecht zu formulieren, geteilt wird, geht es (nur) um das Finden angemessener sprachlicher Formen, also nicht um das *Ob*, sondern das *Wie*. Eine sachliche Debatte wäre auf dieser Basis viel einfacher.

Mitten aus einer aktuellen Sprachdiskussion ist es nicht ganz einfach, über den Tellerrand zu schauen und Perspektiven aufzuzeichnen, wie die Diskussion konstruktiver werden könnte. Vor dem Hintergrund der Sprachkämpfe der Vergangenheit und im Lichte der aktuellen Debatte trotzdem hier zum Schluss noch drei Gedanken, die auf dem Weg in eine friedlichere Debatte hilfreich sein könnten.

Die Kraft von Symbolen nicht unterschätzen

Ein wiederkehrendes Argument gegen geschlechtergerechte Sprache ist, dass die sprachliche Diskussion ein Nebenschauplatz sei und von den wirklich wichtigen Notwendigkeiten auf dem Weg zu mehr Chancengleichheit ablenke. Abgesehen davon, dass es empirische Evidenz dafür gibt, dass beides nicht unbedingt getrennt zu betrachten ist,[34] haben sprachliche Symbole als Symbole einen Wert an sich. Wenn man bei einem Trauerfall einem Menschen *Herzliches Beileid* wünscht, würde man auch nicht beweisen müssen, dass sich dadurch die Gefühle der Trauer beim Gegenüber messbar verändern, um diesen Usus zu rechtfertigen. Es geht bei diesem Sprechakt um die Anerkennung der Trauer des anderen. Auch wenn eine Haltestelle *Mohrenstraße* nach langjährigen Diskussionen umbenannt wird, ist dies nicht deshalb sinnvoll, weil ab dem Zeitpunkt People of Color in Deutschland weniger diskriminiert werden. Es ist ein symbolischer Akt, der als solcher einen Wert an sich hat. Kritische Stimmen, die die kolonialistische Tradition des Begriffs anerkannt sehen wollten, wurden gehört und im öffentlichen Raum mit einem für alle sichtbaren Zeichen gewürdigt. Genauso zeige ich mit der Verwendung geschlechtergerechter Sprache mit den mir zur Verfügung stehenden Symbolen, dass mir das Thema Geschlechtergerechtigkeit wichtig ist. Sprache nimmt einen so wichtigen Stellenwert für unsere individuelle wie kollektive Identität ein, dass selbstverständlich auch kulturelle Umwälzungen wie die Etablierung von mehr Geschlechtergerechtigkeit auf dem Schauplatz der Sprache ausgetragen werden.

Pluralität aushalten und politisch diskutieren

Vor Sprech- oder gar Denkverboten wird auch im Themenfeld geschlechtergerechter Sprache gewarnt. Dabei ist weder der Versuch gesellschaftlicher Minderheiten, mehr Macht oder Sichtbarkeit zu erlangen, noch der Streit im öffentlichen Raum oder in Institutionen etwas Demokratiefremdes. Auch wenn »eine Verfassung geschlechtergerecht formuliert wird, so findet dadurch keine Sprachzensur oder gar Sprachdiktatur statt. [...] Dass all dies überhaupt festgehalten werden muss, erstaunt und zeigt das Klima politischer Auseinandersetzung, in der teilweise jede Mäßigung zu fehlen scheint, wenn es um geschlechtergerechte Sprache geht.«[35] Genauso ist »der Versuch, mehr Einfluss zu gewinnen, wohl kaum an sich illegitim in der demokratischen Politik. Und die Behauptung, die moralisierenden Minderheiten wollten nur mehr Macht, während man selber völlig uneigennützig mit der Verteidigung abstrakter Ideale von Universalismus oder Individualismus beschäftigt sei, ist, gelinde gesagt, ideologieverdächtig. Wer erst gar nicht über Macht reden will, hat sie meist selber inne.«[36] Differenzen auszuhalten und Konflikte möglichst auf friedliche, idealerweise dezidiert zivilisierte Weise auszuhandeln, sollte ja gerade das Ziel pluralistischer Demokratien sein.

Eine neutrale Sprache gab und gibt es nicht

Sprache hat eine kollektive und individuelle Komponente. Daher eignet sie sich gut, wenn man ein Thema, zum Beispiel in der Politik, nahe an die Menschen bringen will. Die Kunst, jemanden zu involvieren, das heißt, persönliche Betroffenheit zu erzeugen, gelingt über das Vehikel Sprache sehr gut. Im Moment scheint es in der aufgeheizten Diskussion um geschlechtergerechte Sprache geradezu so, als müsse sich jede Person für eine Seite entscheiden, einfach nur, weil jede*r in seiner Kommunikation Menschen ansprechen will. Dabei ist die Option einer Enthaltung eigentlich ein wichtiger Punkt, und vermutlich würde die große Mehrheit sich in der Sache weder der Pro- noch der Kontra-, sondern eher der Egal-Seite zuordnen. Meinem Eindruck nach würde es helfen, wenn wir die aktuelle Umbruchphase als eine Phase des Übergangs mit pluralen Lösungsmöglichkeiten sehen. Es gibt jedoch Diskursteilnehmer*innen, die kaum Interesse an einer solchen friedlichen, konstruktiven Art der Auseinandersetzung haben. Dass dies gerade diejenigen sind, die andererseits vor einer »Spaltung der Gesellschaft« warnen, müsste offensichtlich sein. Übernimmt man dieses Narrativ, obwohl man sich dem inhaltlichen Ziel einer geschlechtergerechten Sprache nicht entgegenstellt, geht man meines Erachtens populistischen Kräften »auf den Leim«.

Eine politisch-inhaltliche Auseinandersetzung korrespondiert oft – das dürfte aus den Sprachkämpfen der Vergangenheit deutlich geworden sein – mit einem Streit um Worte und Bezeichnungen. Wer spricht über wen mit welchen sprachlichen Mitteln und wer entscheidet, welche Sprachformen in welchen Kontexten akzeptiert werden, dies sind Machtfragen, die alle sprachpolitischen Auseinandersetzungen begleitet haben.

Anmerkungen

1 Vgl. Peter Eisenberg: »Weder geschlechtergerecht noch gendersensibel«, in: *Aus Politik und Zeitgeschichte* 5–7 (2022), S. 30–35.

2 Karl-Heinz Göttert: *Die Sprachreiniger. Der Kampf gegen Fremdwörter und der deutsche Nationalismus.* Berlin 2019, S. 96.

3 Alle letzten Zitate aus: Hans Hattenhauer: *Zur Geschichte der deutschen Rechts- und Gesetzessprache.* Göttingen 1987, S. 81–85.

4 Göttert 2019, S. 98.

5 https://vds-ev.de/deutsch-in-der-oeffentlichkeit/ag-anglizismenindex/.

6 »Acht Thesen zum Zustand der deutschen Sprache«, in: *Sprachnachrichten Nr. 70 (II/2016)*, S. 5. Vgl. zum VDS insgesamt auch Henning Lobin: *Sprachkampf. Wie die Neue Rechte die deutsche Sprache instrumentalisiert.* Berlin 2021.

7 Thorsten Eitz: »Begriffe besetzen oder das Ringen um Wörter«, in: *Dossier Sprache und Politik*, Bundeszentrale für politische Bildung, 2010, S. 43–44.

8 Dieser »Sprachkampf« ist ausführlich aufgearbeitet in Luise F. Pusch: »Ein Streit um Worte? Eine Lesbe macht Skandal im Deutschen Bundestag«, in: *Women in German Yearbook* 10 (1994), S. 239–366.

9 Ebd., S. 248.

10 Ebd., S. 253.

11 Deutscher Bundestag, Drucksache 11/3741, https://dserver.bundestag.de/btd/11/037/11037 41.pdf.

12 Vgl. Beate Küpper, Ulrich Klocke, Lena-Carlotta Hoffmann: *Einstellungen gegenüber lesbischen, schwulen und bisexuellen Menschen in Deutschland. Ergebnisse einer bevölkerungsrepräsentativen Umfrage.* Antidiskriminierungsstelle des Bundes (Hrsg.), Baden-Baden 2017.

13 https://www.nj.com/politics/2013/01/presidential_inauguration_2013.html.

14 Kolb, Matthias. »Barack Obama: Kampfansage ans konservative Amerika«. In: *Süddeutsche Zeitung* vom 22.01.2013, https://www.sueddeutsche.de/politik/rede-des-us-praesidenten-zur-zwei ten-amtszeit-obamas-kampfansage-ans-konservative-amerika-1.1579581.

15 *Koalitionsvertrag: Mehr Fortschritt wagen Bündnis für Freiheit, Gerechtigkeit und Nachhaltigkeit. Koalitionsvertrag 2021 – 2025 zwischen der Sozialdemokratischen Partei Deutschlands (SPD), BÜNDNIS 90 / DIE GRÜNEN und den Freien Demokraten (FDP),* https://www.spd.de/fileadmin/ Dokumente/Koalitionsvertrag/Koalitionsvertrag_2021-2025.pdf (S. 121).

16 Aufruf des VDS »Rettet die deutsche Sprache vor dem Duden«, https://vds-ev.de/aktionen/auf rufe/rettet-die-deutsche-sprache-vor-dem-duden/.

17 Deutscher Bundestag, Plenarprotokoll 11/96, 6565, https://dserver.bundestag.de/ btp/11/11096.pdf.

18 Deutscher Bundestag, Plenarprotokoll 11/37, 2503, https://dserver.bundestag.de/btp/11/11 037.pdf.

19 Deutscher Bundestag , 1. Sitzung, 13.12.1972, S. 3, https://dip21.bundestag.de/dip21/btp/07/0 7001.pdf. Vgl. auch: »Anrede von Frauen im Bundestag«, Wissenschaftliche Dienste des Deutschen Bundestags, 2021, https://www.bundestag.de/resource/blob/849328/91a1686a4d825b5 8a2e41890d08a0889/WD-1-006-21-pdf-data.pdf.

20 Deutscher Bundestag, Plenarprotokoll 11/96, 6559, https://dserver.bundestag.de/btp/11/11 096.pdf.

21 Protokoll Inland, Anschriften und Anreden, https://www.protokoll-inland.de/Webs/PI/DE/an schriften-anreden/anschriften-und-anreden-node.html.

22 Deutscher Bundestag, Plenarprotokoll 12/132, 11525, https://dserver.bundestag.de/btp/12/12 132.pdf.

23 »Unterrichtung durch die Bundesregierung. Maskuline und feminine Personenbezeichnungen in der Rechtssprache«, Drucksache 12/1041, https://dserver.bundestag.de/btd/12/010/12 01041.pdf.

24 Hier z. B. Beispiele aus den Arbeitsgesetzen: »Beschäftigte im Sinne dieses Gesetzes sind 1. Arbeitnehmerinnen und Arbeitnehmer, …« (PflegeZG, § 7, Absatz 1, 2021), »Die oder der Datenschutzbeauftragte wird auf der Grundlage ihrer oder seiner beruflichen Qualifikation …« (BDSG, Kapitel 3, § 5, Absatz 2, 2021).

25 Neujahrsansprache von Bundeskanzler Olaf Scholz zum Jahreswechsel 2021/2022, https://www. bundesregierung.de/resource/blob/989796/1994296/3bff2366388fd94ffefa2083dc5f5b99/down load-pdf-data.pdf?download=1.

26 Tom Mc Arthur: *The power of words: pressure, prejudice, and politics in our vocabularies and dictionaries*, Orginalversion publiziert 1986, hier zitiert aus: Tom Mc Arthur: *Living Word, Language, Lexicography, and the Knowledge Revolution.* Exeter 1998, S. 30.

27 Zu einer guten Übersicht der verschiedenen Positionen s. das Themenheft »Geschlechtergerechte Sprache«, in: *Aus Politik und Zeitgeschichte* 5–7 (2022).

28 Gemeinsame Stellungnahme linguistisch Forschender zum Beitrag »Wissenschaftsfremder Übergriff auf die deutsche Sprache« von Helmut Glück in *Forschung & Lehre* 12/2020, https://t1p.de/aedf.

29 Vgl. z. B. Gabriele Diewald, Anja Steinhauer: *Handbuch geschlechtergerechte Sprache. Wie Sie angemessen und verständlich gendern.* Berlin 2020.

30 Kristina Bedijs, Bettina Kluge, Dinah K. Leschzyk: »Wie gendern die anderen? Diskurse in Spanien, Brasilien und Frankreich«, in: *Aus Politik und Zeitgeschichte* 5–7 (2022), S. 43–48.

31 Vgl. Markus Hundt: »Normverletzungen und neue Normen«, in: Marek Konopka, Bruno Strecker (Hrsg.): *Deutsche Grammatik – Regeln, Normen, Sprachgebrauch.* Berlin, New York 2009, S. 117–140.

32 Diese konkurrierenden Normen sind auch eine große Herausforderung für die Verschriftlichung geschlechtergerechter Sprache in Plenarprotokollen, da diese einerseits orthografisch korrekt sein müssen, gleichzeitig die Intentionen der Abgeordneten genau wiedergeben müssen. Vgl. Sibylle Halik: »Die Verschriftlichung geschlechtergerechter Sprache in Parlamentsprotokollen«, in: *Neue stenografische Praxis* 2–3 (2020). S. 54–94.

33 Sabine Hark, Paula-Irene Villa: »Anti-Genderismus – Warum dieses Buch?«, in: Sabine Hark, Paula-Irene Villa (Hrsg.): *Anti-Genderismus. Sexualität und Geschlecht als Schauplätze aktueller politischer Auseinandersetzungen.* Bielefeld 2015, S. 7–14, S. 10 und Horst J. Simon: »Sprache Macht Emotionen. Geschlechtergerechtigkeit und Sprachwandel aus Sicht der Historischen Soziolinguistik«, in: *Aus Politik und Zeitgeschichte* 5–7 (2022), S. 16–22.

34 Vgl. z. B. Pamela Jakiela, Owen Ozier: *Gendered Language.* Rochester 2020.

35 Anna Katharina Mangold, *Geschlechtergerechte Sprache in der Verfassung des Landes Brandenburg. Rechtswissenschaftliches Gutachten für die Fraktion BÜNDNIS 90/DIE GRÜNEN im Brandenburger Landtag,* 2021. https://gruene-fraktion-brandenburg.de/publikationen/gutachten-geschlechtergerechte-sprache-der-verfassung.

36 Jan-Werner Müller, »Freiheit, Gleichheit, Zusammenhalt – oder: Gefährdet ›Identitätspolitik‹ die liberale Demokratie?«, in: *Aus Politik und Zeitgeschichte* 26–27 (2021), S. 12–17.

Gerhard Roth

Wann wurde für Sie aus einem Ausnahmezustand Normalität?

Ins Leben hineingeworfen

Als ich 15 Jahre alt war, fasste meine Mutter den Entschluss, mich vor Beginn des vierten Jahres (damals »Untertertia« genannt) vom altsprachlichen Friedrichsgymnasium in Kassel abzumelden und auf das »bischöfliche Knabenkonvikt« in Fulda zu schicken, verbunden mit dem Besuch des ebenfalls altsprachlichen Rhabanus-Maurus-Gymnasiums. Was meine Mutter zu diesem Entschluss bewogen hatte, habe ich bis heute nicht herausbekommen. Meine älteren Geschwister meinen, es hinge mit der damaligen Familiensituation zusammen: Meine Mutter, die als Kriegerwitwe mit drei Kindern einen Arzt geheiratet hatte, der genauso erzkonservativ und erzkatholisch wie sie war, glaubte, ihr Mann könne mit mir als einem ständigen Besserwisser nicht umgehen und deshalb irgendwann das Weite suchen. Das wäre für sie eine Katastrophe gewesen. Wie dem auch sei – ich musste »weg«.

Das Konvikt war eigentlich eine bischöfliche Einrichtung zum Rekrutieren des Priesternachwuchses, aber zu meiner Zeit kamen die Zöglinge meist entweder aus Familien, die aus der nahen »Ostzone« in den Westen übergesiedelt waren, oder waren schwach in ihren schulischen Leistungen.

Ich war, als ich dort eintraf, ein krasser Sonderfall, denn mein Stiefvater war ärztlicher Direktor, ich war Ende Quarta ein sehr guter Schüler und abgesehen von der Besserwisserei nicht irgendwie aufsässig. Meine Lehrer und unser Schuldirektor schüttelten die Köpfe, aber meine Mutter ließ sich nicht beirren. Die Zöglinge des Konvikts gingen auf unterschiedliche Schulen, ich auf besagtes Rhabanus-Maurus-Gymnasium, das zwar von der Grundhaltung sehr konservativ war, aber einige liberale Lehrer hatte. Besonders gut verstand ich mich mit einem jungen Mathematiklehrer aus der bekannten Gelehrtenfamilie Dehio.

Das Konvikt war ein großes, abschreckendes Gemäuer mit langen dunklen Gängen, von denen ich noch heute träume, und großen Schlafsälen, in denen jeweils 40 bis 50 Zöglinge schliefen und jeden Tag vor Schulbeginn zu einer Kurzmesse gehen mussten. Es wurde nach meiner Zeit als Internat aufgegeben und abgerissen. Für mich bedeutete der Wechsel, dass ich plötzlich ganz allein auf mich gestellt war. Niemand beaufsichtigte mich, und da ich sehr gute Schulnoten hatte, kontrollierte auch niemand meine Schulleistungen. Ich war aus einer rigiden Familie in ein völlig freies Leben hinausgelassen worden. Ich tat nicht viel für die Schule, fehlte viel und gab mich technischen Hobbys hin, wie Schiffs- und Flugzeugmodelle zu basteln oder im Keller des Konvikts mit Kameraden Raketen zu bauen, die mit selbst gemischtem Schwarzpulver getrieben sogar ein gutes Stück flogen. Dass dabei nichts passiert ist, grenzt an ein Wunder. Ansonsten trieben wir uns an der Fulda herum und fuhren auf dem Fluss mit selbst gebauten Flößen herum.

Getrübt wurde dieses freie herrliche Leben zumindest anfangs dadurch, dass ich wie die Zöglinge gleichen oder jüngeren Alters von Älteren drangsaliert wurde, so wie es offenbar in Internaten normal ist. Sie holten uns aus dem Studiersaal und verhauten uns auf dem Flur. Allerdings waren es weniger die Blessuren, die wir dabei abkriegten, sondern die ständigen Bedrohungen, die zur Obsession wurden. Die Aufsichtspersonen griffen nicht ein, weil sie wohl selbst Angst vor den 17- und 18-Jährigen hatten. Nach einigen Monaten ließen diese Schikanen nach, die Drangsalierer hatten den Spaß verloren und konzentrierten sich lieber darauf, nachts auszusteigen und was auch immer im nächtlichen Fulda zu tun. Einen sexuellen Missbrauch, wie er damals in vielen Internaten üblich war, habe ich selbst nie erlebt oder von anderen erfahren.

Immerhin erfuhr ich von so etwas im Rhabanus-Maurus-Gymnasium. Es war lange Jahre von einem sittenstrengen Theologen mit drei Doktortiteln geführt worden. Sein Nachfolger kam von der Odenwaldschule und wurde nach wenigen Monaten von der Polizei wegen sexuellen Missbrauchs von Schülern verhaftet. Wie man heute weiß, war das bereits damals, also in den 1950er-Jahren, an der Odenwaldschule verbreitet – übrigens mit dem Wissen »führender« Familien Deutschlands, die ihre Kinder dort untergebracht hatten.

Die wenigen Aufenthalte bei meinen Eltern in Kassel waren für mich eine Qual, und ich verbrachte lieber die Ferien bei Verwandten in Westfalen oder bei meinem älteren Bruder in

Münster. Es war dieser Bruder, inzwischen Student der Psychologie, der nach zwei Jahren durchdrückte, dass ich wieder nach Kassel zurückkehren konnte. Ich ging wieder auf das Friedrichsgymnasium in meine alte Klasse, und meine Lehrer nannten dieses Hin und Her zutreffend eine Farce. Ich stand jetzt in offener Opposition zu meinen Eltern, insbesondere als sich nach und nach herausstellte, dass die sittenstrenge katholische Haltung, die sie an den Tag legten, überwiegend geheuchelt war. Ebenfalls hatte ich bereits in Fulda dasselbe über Vertreter der katholischen Kirche herausbekommen. Beides schockierte mich nachhaltig. Ich machte schließlich als Jahrgangsbester das Abitur am Friedrichsgymnasium und entfloh endgültig der Kindheit in Kassel und Fulda.

Zwei Grunderfahrungen habe ich damals gemacht. Erstens: Steh für dich selbst ein und rechne nicht auf uneigennützige Hilfe durch andere! Zweitens: Vertraue niemals Autoritäten ohne hinreichende Überprüfung. Letztere Grunderfahrung ist das Grundprinzip der Wissenschaft, der ich mich fortan ein Leben lang gewidmet habe. Und ich habe vor allem in meinem Privatleben und ein wenig im Berufsleben das große Glück gehabt, zu erfahren, dass es Ausnahmen von dieser Grunderfahrung gibt, nämlich uneigennützige Hilfe in Form von Freundschaft und Liebe.

Armin Nassehi
Sichtbar unsichtbar
Warum der Ausnahmezustand normal ist

Universitäre Gremiensitzungen finden seit Frühjahr 2020 nicht mehr in Präsenz statt – was im Übrigen eine nicht ganz präzise Beschreibung ist, denn die durch Zoom und Äquivalente übertragenen Sitzungen erzeugen eine ganz spezielle Form der Präsenz. Aber darum soll es hier nicht gehen. Jedenfalls haben wir uns an den Modus dieser Sitzungen gewöhnt, inzwischen gelingt es sogar, nicht allzu oft das Anschalten des eigenen Mikrofons zu vergessen. Die Sache ist schnell normal geworden, bis in das Ritual hinein, dass am Anfang irgendjemand entweder im präoffiziellen Small Talk oder als begrüßende Sitzungsleitung versichert, wie froh man sein werde, wenn wir endlich wieder physisch unmittelbar anwesend sein können, und zwar im selben physischen Raum – so hören wir es jedenfalls in Sitzungen von Fachbereichsräten, Institutsdirektorien, Berufungskommissionen, Senats- und Hochschulratssitzungen, Prüfungsausschüssen und sonstigen Kommissionssitzungen. Was die Beteiligten dazu denken, wird selten Gegenstand der Kommunikation – manche dieser Formen haben auch etwas für sich.

Nun könnte mein Argument weitergehen, dass die neue Form von Sitzungen zunächst irgendwie anders war, eine Art Ausnahmezustand, wir hatten noch keine Routinen und mussten lernen. Mit der Zeit aber haben sich wechselseitige Erwartungen etabliert. Man weiß, wann man sich mit Bild zuschaltet, man kann den Hintergrund besser kontrollieren, auch die Frage, wie man sich Aufmerksamkeit verschafft, ist inzwischen zur Routine geworden, ebenso der Umgang mit Präsentationen, Tischvorlagen usw. Aber das wäre ein allzu simples Argument, denn das passiert eigentlich permanent – die Adaptationsnotwendigkeit an sich mehr oder weniger stark verändernde Routinen gehört zu den selbstverständlichen Alltagspraktiken, mit denen wir zu tun haben –, und hier treffen Veränderungen auf träge Alltagsroutinen und ändern sich unmerklich doch. Denkt man nicht genau nach, bleibt alles beim Alten, denkt man genauer nach, stößt man auf Veränderungen, die aber selten disruptiv und revolutionär sind, sondern eher unsichtbar bleiben.

Das ist keine Pfeife

Jüngst hat mich nachhaltig ein Ereignis in einer Sitzung beschäftigt, obwohl es letztlich keine große Geschichte ist, die man darüber erzählen kann, aber ohnehin sind es oft die kleinen praktischen Phänomene, an denen sich etwas zeigt. In einer Sitzung, ich lasse unberücksichtigt, was für eine Sitzung es war, saß ein Kollege einer anderen Universität, den ich recht gut kenne, schätze und mit dem ich schon öfter zu tun hatte. Er steckte sich eine Pfeife an und qualmte vor sich hin. Das ist zwar eine in der Öffentlichkeit seltener gewordene Praktik, aber keineswegs etwas, das von so exotischer Merkwürdigkeit wäre, dass man es besonders erwähnen müsste. Pfeife zu rauchen ist nichts Ehrenrühriges, und es ist nichts, was irgendwie auf andere Personenmerkmale schließen lassen würde. Der typische Pfeifenraucher neigt weder besonders zur politischen Linken, noch gehört er zu den Autoritären, er ist kaum im Verdacht, in jedem Falle straffälliger zu sein als andere oder irgendwelchen besonderen religiösen Sekten anzugehören. Was ich damit sagen will: Das soziodemografische Merkmal des Pfeiferauchens diskriminiert statistisch kaum, auch wenn es (zumindest in der Vergangenheit) vielleicht eher die Älteren waren und eher Männer, die Pfeife geraucht haben. Obwohl es nur eine Pfeife war, hat mich der Anblick des pfeiferauchenden Kollegen ehrlich gesagt herausgefordert – in einer Sitzung zu sitzen, in der sich jemand eine Pfeife ansteckt, als wäre nichts gewesen.

Es war auch nichts. Und doch hat es mich an etwas erinnert, das ich längst vergessen hatte. Ich habe in den 1990er-Jahren in einem Institut an einer anderen, einer norddeutschen Universität gearbeitet, damals noch als Doktorand und Habilitand und Privatdozent, als gewähltes Mitglied verschiedener Gremien, und dort dasselbe getan wie heute auch: über Studiengänge und Geldverteilung, über Kooperationen und Personalentscheidungen, über Curricula und Prüfungsordnungen usw. verhandelt. Diesbezüglich hat sich wenig geändert in meinem Leben, und es war früher genauso spannend, langweilig, notwendig wie heute. Auf Zoom hat so etwas natürlich nie stattgefunden, sondern in Präsenz, wie ja später auch bis zum März 2020. Aber etwas war tatsächlich anders. Die Kolleginnen und Kollegen an diesem Institut haben in jeder Sitzung geraucht – und das ausgiebig, und zwar so gut wie alle. Es wurde, ohne dass mir Daten zur Verfügung stehen, überrepräsentiert viel Pfeife geraucht. Man muss sich die Leute damals tatsächlich als sehr starke Raucher vorstellen (und das ist jetzt mal kein generisches Maskulinum). Einer der Kollegen hat es geschafft, während des Pfeiferauchens zwischendurch so schnell eine Zigarette zu rauchen, dass die Pfeife noch glühte, als die Zigarette schon im Aschenbecher ausgedrückt war. Ein anderer hatte – zumindest in anderen Sitzungen, etwa mündlichen Prüfungen, denen ich damals als Protokollant beiwohnen musste – mehrere Pfeifen gleichzeitig laufen, und mir scheint, dass man ein ausgeklügeltes System braucht, um keine ausgehen zu lassen. Vielleicht gibt es dafür heute eine App.

Nun wird man sagen, so haben sich die Dinge nun einmal verändert, heute wird in solchen Sitzungen nicht mehr geraucht, es ist sogar streng und strikt verboten – aus gesundheitlichen Gründen ebenso wie aus Brandschutzerwägungen. Aber interessant an diesem Fall ist etwas anderes. Es ist keineswegs so, dass das Rauchen damals unumstritten war. Es war ein Mitglied in solchen Sitzungen zugegen, das diese Raucherei strikt abgelehnt und das auch gesagt hat. Es war übrigens eine Person, die in der Hierarchie des Instituts noch unter mir als Vertreter des Mittelbaus geführt wurde, eine Bibliotheksmitarbeiterin (sic!), die oftmals bemerkt hat, dass sie das Rauchen störte, was aber bei den Anwesenden nicht einmal keine Reaktion hervorgerufen hat. Nun wird man sagen, dass die Mitglieder dieses Instituts allesamt Rüpel und rücksichtslose Zeitgenossen waren – mich eingeschlossen, der dort zwar sehr selten aktiv (passiv schon eher) mitgeraucht hat, aber auch nicht auf die Barrikaden gegangen ist und Rücksicht eingefordert hat.

Dass Rauchen in einer solchen Situation irgendwie merkwürdig ist, kritisierbar, auch eine Art Übergriffigkeit Nichtrauchern gegenüber darstellt, wurde nicht einfach ignoriert, sondern, wie das Sprichwort sagt, nicht einmal *nicht* ignoriert. Es wurde schlicht nicht sichtbar, es war nicht existent, es tauchte nicht auf dem Bildschirm der Aufmerksamkeit auf, sondern verschwand mit der Bemerkung. Es blieb unsichtbar, dass die Dinge auch anders funktionieren könnten, dass sie anders sein müssten, dass wir uns anders verhalten könnten. Wäre eine der damaligen Sitzungen aufgenommen worden, würden wir sie heute als eine kuriose Situation wahrnehmen, womöglich die beteiligten Personen moralisch kritisieren (auch mich natürlich) und mit Unverständnis reagieren.

Das ist es, was mir wieder eingefallen ist, als ich den pfeiferauchenden Kollegen in einer akademischen Sitzung gesehen habe, und es hat ein wenig gedauert, bis ich die Pfeife nicht mehr gesehen habe, bis sie keinen Informationswert mehr für mich hatte. Das hört sich nun dramatischer an, als es war, denn das Rauchen einer Pfeife ist wirklich kein weltbewegendes Ereignis – zumal, wenn es woanders stattfindet als dort, wo mich der Rauch erreichen könnte. Aber es ist ein Hinweis auf die Routinen von Sichtbarkeit und Unsichtbarkeit, die viel mit Normalitätsunterstellungen zu tun haben. Was uns »normal« erscheint, ist deshalb normal, weil es eher implizit als explizit gilt. »Normalität« hat etwas mit Latenz zu tun, mit latenten Bedingungen manifesten Verhaltens, Handelns und Wahrnehmens. Was einer bestimmten Gruppe als »normal« gilt, hat fast keinen Informationswert, deshalb erscheint das »Normale« auch als das gewissermaßen Natürliche, Notwendige, Alternativlose. »Normalität« tritt normalerweise nicht in Konkurrenz mit seinem Gegenteil, sondern ist einfach da. Eine Konkurrenz zur

»Normalität« herzustellen, ist eine schwierige Leistung – und die beste Strategie besteht darin, Sichtbarkeit für etwas herzustellen, das zuvor gerade dadurch gewirkt hat, dass es unsichtbar, latent blieb.

Latenzschutz

Die Funktion der Latenz war für den vielleicht einflussreichsten Soziologen des 20. Jahrhunderts, nämlich Talcott Parsons (1902–1979), eine der notwendigen Bedingungen für soziales Handeln und soziale Ordnung. Latenz verbindet er mit der Kultur – was auf ein funktionalistisches Modell zurückgeht, das hier nicht rekonstruiert werden muss.[1]

Ziemlich verkürzt meint es: Kulturelle Bedeutung, etwa sprachliche Repräsentation, symbolische Formen, Werte und Hintergrundselbstverständlichkeiten, auch moralische Standards und basale Anerkennungsformen müssen weitgehend *latente Muster* bleiben, damit sie funktionieren können.[2] Gemeint ist damit eine gewissermaßen nicht verhandelbare Voraussetzung aller Handlungen und Bedeutungen, deren Geltung an eine gewisse Unsichtbarkeit gebunden ist. Wir könnten nicht miteinander sprechen, wenn wir die Bedeutung sprachlicher Symbole permanent sprachlich einholen müssten. Es könnte keine Bedeutung geben, müsste Bedeutung vollständig reflexiv sein. Uns als Menschen wechselseitig zu achten, setzt voraus, uns unseres Menschseins nicht permanent gegenseitig versichern zu müssen. Wer dem anderen *sagen* muss, dass er oder sie eine Person mit Menschenwürde ist, könnte auch das Gegenteil sagen. Darin liegt für Parsons die große Bedeutung des Latenthaltens entscheidender Voraussetzungen unseres Verhaltens. Kultur im Sinne eines Raums, in dem bestimmte Inhalte und Erwartungen Geltung beanspruchen können, schützt sich selbst durch Invisibilisierung ihrer Bedingungen und erzeugt so etwas wie eine Minimalmoral in der Kommunikation, die dadurch Moral ist, dass sie nicht ethisch reflektiert werden muss oder kann, sondern gewissermaßen als Bedingung von Kommunikation selbst fungiert.[3]

Minimalmoral meint nicht, dass es stets etwas *Gutes* sei, was zur Geltung kommt. Es ist vielmehr eine spezifische Form der Achtungsbedingung, die darin zum Ausdruck kommt, dass die Dinge fraglos gelten – das können aus heutiger Sicht auch unpassende und unmöglich erscheinende Formen des Zusammenlebens sein, wie es das wenig spektakuläre Beispiel universitärer Sitzungen als Räucherhöhle meint, in der der Einspruch eines auch noch hierarchisch eher unten stehenden Mitglieds nicht gehört werden muss, nein: nicht gehört wird. Die Sache bleibt latent, es ist, wie es ist – und verliert diesen Status erst, wenn es nicht mehr einfach ist.

Von Parsons' Latenztheorie kann man lernen, dass das, was »Normalität« beansprucht, empirisch daran zu messen ist, was nicht weiter befragt wird. Das kann für alles Mögliche gelten: für Hierarchien, für Verhaltensstandards, für Geschlechterrollen, für Alltagsmoral, für die Frage, wer dazugehört und wer nicht, für Urteile über Menschen oder bestimmte Gruppen, für Stereotype und Vorurteile, für Diskriminierung und Bewertungen usw. Was uns heute als Ausnahmezustand erscheint, kann in einem anderen Kontext als »normal« gelten und stabilisiert sich so selbst.

Deshalb ist das, was man Aufklärung, Kritik oder auch schlicht Erkenntnis nennen kann, vor allem ein Mechanismus, der an den Unsichtbarkeiten unserer Routinen ansetzt. Nicht umsonst operiert Aufklärung mit einer Helligkeits- und Lichtmetapher. Dass ich mich so drastisch an die damalige Normalität der universitären Räucherbude erinnert habe, lag an der Sichtbarkeit des rauchenden Kollegen – dass die Kollegen (also wirklich nur: Kollegen) damals geraucht haben, und das auch noch besonders ausgiebig, habe ich letztlich gar nicht »gesehen«. Vielleicht wird jetzt deutlich, wie lohnend ein eher so kleines und unbedeutendes Beispiel ist, um den Mechanismus des »Normalen« zu verstehen: Die Dinge funktionieren tatsächlich, weil sie unbefragt bleiben. Erst wenn sie befragt werden, werden sie sichtbar, und erst wenn sie sichtbar werden, verändern sie ihre Gestalt – und das übrigens unwiederbringlich.

Dass es keine universitären Sitzungen mehr gibt wie in den 1990er-Jahren, mit einem so hohen Nikotin-/Rauchanteil in der Luft, hängt schlicht auch damit zusammen, dass sich Normen der wechselseitigen Rücksichtnahme verändert haben. Es ist ja nicht so, dass das nicht schon früher Leute gestört hätte, aber es war schlicht nicht sagbar – aus ganz unterschiedlichen Gründen, zu denen Fragen der organisationalen Hierarchie gehören, der Formulierbarkeit von Bedürfnissen oder eben auch eines Takts, der inzwischen anders codiert ist als zuvor. Die Veränderung bloß auf rechtliche Normänderung zurückzuführen, wäre zu kurz gedacht, denn diese ist ja selbst Teil einer sich verändernden Normalität, die üblicherweise hinter einer sie erst ermöglichenden gesellschaftlichen Praxis herhinkt. Es würde sonst auch keine parlamentarischen Mehrheitschancen für solche Gesetze geben. Das wohl Interessante an der Herstellung von Sichtbarkeit oder besser der Aufdeckung von Latenzen besteht darin, dass sie wirklich eine verändernde Kraft hat.

Evolution

Man kann lange darüber diskutieren, was der entscheidende Treiber sozialen Wandels ist. Vielleicht kann man zwei unterschiedliche grundlegende Paradigmata ausmachen: den revolutionären, disruptiven, sprunghaften, plötzlichen Wandel auf der einen Seite, den evolutionären, an den Trägheitsmomenten sozialer Strukturen angepassten, sich langsam, fast unsichtbar vollziehenden Wandel, der am Ende dadurch überrascht, dass er stattgefunden hat. Für Beschreibungen, politische Forderungen, deutliche Bekenntnisse und zitierbare Formeln ist das Disruptive viel attraktiver, weil es mehr Information produziert, wenn man unter einer Information vor allem etwas versteht, das einen Unterschied macht. Aber die disruptiven Formen sind oftmals das Ergebnis evolutionärer Veränderungen, die eher unmerklich die Bedingungen der Latenz verschieben, bevor sie dann tatsächlich einen so hohen Informationswert bekommen, dass sie nicht mehr im Unsichtbaren bleiben können.

Für mich ist immer wieder das von Aladin El-Mafaalani so großartig beschriebene Beispiel zu Konflikten in Diskursen über Migration und die Teilhabe von migrantischen und postmigrantischen Milieus frappierend, weil es in seiner Einfachheit eine ganz besondere Plausibilität hat. Was El-Mafaalani das »Integrationsparadox«[4] nennt, ist die Tatsache, dass größere öffentliche Konflikte über Migration und Teilhabe bereits das Ergebnis einer merklich und unmerklich zugleich verlaufenden erfolgreichen Form der Teilhabe sind. Nur weil dies stattgefunden hat, gelingt es migrantischen Personen (also meist Personen, in deren Familiengeschichte eine Migration nach Deutschland stattgefunden hat), jene Aufmerksamkeit zu bekommen, die dann Gegenstand von öffentlichen Diskursen und Konflikten wird. Die klassischen Gastarbeiter waren da und blieben unsichtbar – die latente Bedingung ihrer Existenz war gewissermaßen eine gesellschaftliche Position, die recht klare Positionen in der Gesellschaft ausgemacht haben. Sie haben zunächst nicht weiter gestört – bis die Bedingungen ihrer Lebenslage selbst aus der Latenz herausgeholt wurden, und zwar unmerklich, zumeist an den Andockstellen einer Gesellschaft, die dann mit diesen Personengruppen umgehen musste, im Bildungssystem etwa oder in Wohnquartieren, weniger konfliktär in Unternehmen, weil dort die Positionen ja definiert waren. Das Integrationsparadox besteht darin, dass erst bei besserer Integration diese Lebenslagen zum Thema werden (müssen) – und dann Konflikte produzieren.

Solche Konflikte sehen aus wie disruptive Veränderungen, sind aber eher das Ergebnis veränderter Praktiken, hinter die niemand zurückkann. »Normalität«, und dazu gehörte in einem explizit sich nicht als Einwanderungsland verstehenden Land die Marginalität jener Gruppe auf letztlich endogene Lebensformen ohne Diffusion in andere Bereiche, wurde durch die Sichtbarmachung ihrer Bedingungen infrage gestellt.

Man kann solche Beispiele auch auf andere soziale Konflikte ausweiten. Der gesamte Bereich veränderter Geschlechterrollen lässt sich ähnlich beschreiben. Ich bin letztens auf ein Video der ARD-Fernsehsendung »Der 7. Sinn« gestoßen. Die von 1966 bis 2005 ausgestrahlte Sendung diente der Verkehrserziehung und brachte dem Publikum Wissenswertes über das Autofahren, Fahrradfahren und überhaupt über Verkehrsthemen näher. Der Clip, auf den ich stieß, beschäftigte sich mit »Frauen im Straßenverkehr« und stammte aus dem Jahre 1973. Man kann sich den Tenor schon denken – sie können nicht einparken, nicht schnell genug reagieren oder beschäftigen sich mit Schönheitspflege während des Fahrens.[5] Aus heutiger Sicht erscheint dieser Clip als Satire – aber interessant daran ist die latente Bedingung der damaligen Sätze, die offenkundig gut funktioniert haben. Auch 1973 wird das vielen nicht gefallen haben, aber es gehörte zu einer Art von Normalität, die dadurch möglich war, dass es eine geradezu unsichtbare Anschlussfähigkeit für solche Sätze gab, deren Bedingungen unsichtbar blieben. Entscheidend ist aber dies: Sobald eine bestimmte Form von Sichtbarkeit hergestellt ist, können solche Sätze nicht mehr funktionieren – nicht, dass es heute keine solchen Sätze gäbe, bezogen auf die kleinen Beispiele, die ich genannt habe, aber ihre Bedingungen können nicht latent gehalten werden.

Aufklärung, Kritik und Erkenntnis, so habe ich oben formuliert, setzen also am Mechanismus der Sichtbarkeit an, technischer formuliert: an der Visibilisierung von latenten Bedingungen. Wie wirksam das ist, kann man vor allem daran beobachten, wie sich solche Strategien verselbständigen, wenn sie neue Routinen aufbauen. Auch das sei an einem Beispiel erläutert, nämlich der sprachlichen Bezeichnung von Männern und Frauen. Wie werden aus Studenten ausschließlich männliche Studenten? Der Mechanismus ist relativ einfach. Sobald sich der Sprachgebrauch ändert, wandelt sich die Begriffsbedeutung von selbst, weil die geschlechtliche Bedeutung aus dem Latenzbereich geholt wird. Sobald sich der Sprachgebrauch *Studentinnen und Studenten* durchsetzt (ich lasse jetzt die – übrigens sehr alte – Form »Studierende« einfachheitshalber weg), wird am »Studenten« sichtbar, dass »Studentinnen« explizit nicht mitgemeint sind. Man hört gerne, dass auch das generische Maskulinum schon »Gendern« (gewesen) sei – aber das erst, seit es sichtbar wird. Also spätestens in dem Moment, in dem die Latenz für »Studenten« als geschlechtsloser Begriff aufgehoben ist, wandelt sich der Bedeutungsgehalt und verschiebt den Sprachgebrauch. Zumindest würde man heute einen anderen Informationsgehalt erzeugen, wenn man sagt, dass es an der LMU München ungefähr 50 000 Studenten gebe. Das gilt übrigens unabhängig von der Intention des Sprechers und der Sprecherin, schlicht, weil der Latenzbereich sich verschoben hat – was zu einer neuen »Normalität« führt, nämlich zu der Erwartung, der man sich nicht entziehen kann. Das heißt nicht, dass alle Beteiligten nun den Sprachgebrauch ändern, aber es bedeutet, dass der Bedeutungsgehalt sich unabhängig vom konkreten Sprechakt verändert.

Das geht so weit, dass heute selbst die konservativsten politischen Sprecher (und Sprecherinnen) nicht mehr die Bürger ansprechen können, sondern Bürgerinnen und Bürger ansprechen – so selbstverständlich, dass dies gar nicht mehr als besondere Information erzeugt wird, sondern in einem eher genuschelten »BürgerinnnunBürger«, ohne besonderen Informationswert –, bis deutlich wird, dass auch diese Sprechweise auf Latenzen hin beobachtet werden kann. »Studentinnen und Studenten« oder »Bürgerinnen und Bürger« ist binär und schließt das Nicht-Binäre aus. Interessant ist an dem Beispiel, dass der Ausschluss kein expliziter Ausschluss ist, sondern das Ergebnis einer Beobachtung, die in der Lage ist, andere Möglichkeiten zu entdecken. Wer »Bürgerinnen und Bürger« sagt, sagt ja nicht explizit: »Non-Binäre spreche ich explizit nicht an« – sondern das kann erst ein Beobachter sehen, der eine Unterscheidung anlegt, die vorher gar nicht aktualisiert war, aber möglich ist.

Man muss es so kompliziert ausdrücken. Der Latenzbereich ist wirklich latent, unsichtbar, und es bedarf einer kognitiven Anstrengung, um Latenzen sichtbar zu machen, die zuvor gar nicht da waren, aber spätestens dann, wenn sie sichtbar werden, auf etwas Unsichtbares verweisen, das zuvor nicht nur unsichtbar war, sondern gar nicht existent. Die Welt besteht nicht aus einem großen Reservoir von Möglichkeiten, von denen nur wenige aktualisiert werden, sondern sie besteht aus Möglichkeiten, deren Möglichkeit eben nur eine Möglichkeit ist und die nicht festgelegt ist, sonst wären es ja nur Möglichkeiten, die zwar da sind, die aber niemand aus dem Lager geholt hat.

Das ist schwer auszuhalten – und es sind auch deshalb diese Themen, die vermeintliche Selbstverständlichkeiten infrage stellen. Warum streiten wir uns eigentlich um die Bezeichnung von Männern und Frauen? Was ist schlimm daran, dass sich der Sprachgebrauch verändert? Frappierend sind übrigens oft Linguisten, also Experten fürs Sprachliche, die genau begründen können, warum dieser Sprachgebrauch falsch sei und jener richtig, um so zu begründen, dass man manche Latenz doch im Latenzbereich belassen soll.

Am kuriosesten sind in der Debatte oft diejenigen, meist Sprachwissenschaftler, die genau und wissenschaftlich begründen können, wie es *eigentlich* und *genau* ist – etwa, dass Studierende gemäß der grammatischen Form eines Partizip Präsens nur dann Studierende sind, wenn sie jetzt gerade studieren, aber nicht, wenn sie schlafen gehen oder auf dem Weg ans Mittelmeer sind. Statt Bäcker und Bäckerin zu sagen, könnte man »Backende« vorschlagen, statt Mitarbeiter und Mitarbeiterin »Mitarbeitende« usw. – für all diese würde die Einschränkung des Partizip Präsens auch gelten, ein Backender backt gerade, ein Bäcker ist immer Bäcker, auch wenn er studiert. Eine Bäckerin auch.[6]

Damit plädiere ich nicht für die Einführung solcher Partizip-Präsens-Bezeichnungen, das wäre auch Unsinn, denn entweder setzen sie sich durch oder nicht (mein Geschmack sind sie nicht). Aber kurios ist das deshalb, weil solche Grammatiker mit dem Hinweis auf die *eigentliche* Struktur der Sprache beziehungsweise ihrer syntaktischen Regeln meinen, damit etwas herstellen zu können, was ja gerade durch diese Diskussion verloren gegangen ist: der *Latenzschutz* des Sprachgebrauchs. Diese Experten für die Sprache scheitern gewissermaßen an der Pragmatik des Sprechens. Sobald wir anfangen, beim Sprechen sprechend über die Bedeutungsmöglichkeiten des Mediums selbst zu verhandeln, entstehen Störungen – was auf die Funktion des Mediums verweist.

Das durch Hinweis auf geltende Regeln widerlegen zu wollen, lässt offensichtlich den kategorialen Unterschied von Sprache und *Sprechen* außer Acht.

Es wird vorbei gewesen sein

Man kann aber Dinge nicht in die Latenz verschieben, weil sie dann ja nicht latent wären – und dies ist der entscheidende Punkt, an dem sich die Normalität selbst als Ausnahmezustand beschreiben lässt. Vielleicht gelingt die Formel: Je moderner eine soziale oder kulturelle Form ist, desto mehr gerät der Latenzschutz in Gefahr. Es gilt aber auch: Je moderner eine soziale oder kulturelle Form ist, desto mehr Latenzen gibt es (ohne dass es sie positiv »gibt«, wohlgemerkt). Das hört sich widersprüchlich an, ist es aber nicht. Wenn es stimmt, dass der Latenzraum kein Reservoir ist, kein Lager, keine positiv bestimmbare Größe, dann kann man immer mehr in jenem Raum vermuten, dem man die Latenz entziehen könnte. Das wird gerade in sogenannten Krisenzeiten deutlich, wenn Selbstverständlichkeiten infrage gestellt und zuvor unsichtbare Routinen, Praktiken und Handlungsformen ans Licht der Aufmerksamkeit gezogen werden. Ein frappierendes Beispiel besteht etwa darin, dass Infektionskrankheiten gefährlich sind und bisweilen hohe Todeszahlen erzeugen. Im Winter 2017/2018 gab es in Deutschland eine Grippewelle mit mehr als 25 000 Toten, was der Aufmerksamkeit der Öffentlichkeit weitgehend entzogen war – und selbst wenn es außerhalb von Fachkreisen kommuniziert wurde, hat es relativ wenig Aufmerksamkeit erzeugt. Es konnte latent bleiben, weil es in einem Raum unsichtbarer Erwartbarkeiten angesiedelt war, oder korrekter: weil es latent bleiben konnte, da es letztlich nicht kommuniziert wurde oder werden musste.

Nein, daraus lässt sich nicht das Argument deduzieren, dass Corona kaum schlimmer als eine Grippe sei, natürlich nicht. Es geht vielmehr darum, wie die neue Normalität aussehen wird, die wir uns nach der Pandemie imaginieren. Ich habe an anderer Stelle darüber nachgedacht, wann die Pandemie zu Ende sein wird, und meine Antwort lautete: Nicht, wenn das explizit verkündet wird, sondern wenn die Infektionszahlen keine Aufmerksamkeit mehr erzeugen.[7] Ergänzt werden müsste nun: Das lässt sich nicht instrumentell oder explizit herstellen, sondern wird nur im Futur II zu erschließen sein: *Es wird irgendwann vorbei gewesen sein*, dann nämlich, wenn die Inzidenzen und Krankenhausquoten, auch die Todeszahlen keine Aufmerksamkeit mehr erhalten. Nur: Wie soll das gehen, solange die Aufmerksamkeit genau auf diesen · Parametern liegt, denn ganz verschwinden werden sie wohl nicht mehr. Oder wird in den nächsten Wintern auch die Inzidenz von Grippeinfektionen in den Morgennachrichten verlesen?

Schwer zu beantworten – daraus aber zu schließen, dass das Problem nie verschwindet, wäre womöglich voreilig und würde den *Ausnahmezustand Normalität* unterschätzen. Man muss sich nur an die beiden letzten Sommer erinnern, 2020 und 2021. Wie schon zu Beginn der Pandemie (also im späten Winter 2019/2020) prognostiziert, unterliegt das Coronavirus wie seine biologisch nahen Verwandten einer starken saisonalen Schwankung, heißt: Im Sommer verschwindet es zwar nicht, aber es reduziert sich und wird weniger ansteckend. UV-Strahlung in Kombination mit mehr Outdoor-Leben verschiebt das Virus gewissermaßen in den Latenzbereich der Nicht-Aufmerksamkeit, obwohl man wissen konnte (und natürlich auch gewusst hat), dass es im jeweiligen Herbst/Winter damit vorbei sein würde. Es gelang also mitten in der Pandemie, die Pandemie unsichtbar zu machen – und das nicht nur im öffentlichen und halböffentlichen Alltagsleben der Gesellschaft, sondern auch bei den politischen Eliten und den Fachleuten.

Wie man nicht gegen das Pfeiferauchen in universitären Sitzungen der 1980er- und 1990er-Jahre kommunikativ ankam, drang man auch hier nicht mit der besten Evidenz gegen den Latenzschutz der Pandemie durch, die man zeitweise nicht sehen konnte. Selbst kurze kommunikative Hinweise, kurze Explikationen konnten das nicht ändern. Sicher war das einer der großen Fehler in der Pandemiebekämpfung, nicht antizyklisch handeln zu können – die Zeiten niedriger Inzidenzen zu nutzen, sich auf das Ansteigen der Infektionszahlen und der Erkrankungen einzustellen. Das politische Publikum wollte es nicht hören und wurde auch kaum behelligt, und der Alltag folgte den Routinen, die er schon kannte, Routinen, in denen Infektionsketten unsichtbar in das Alltagsgeschehen eingepreist waren.

Bei der »Aufarbeitung« der Pandemie wird diese Unfähigkeit des antizyklischen Handelns sicher eine große Rolle spielen – aber genau genommen macht diese Diagnose auch Hoffnung. Denn womöglich verschiebt sich ab einem bestimmten Level die Aufmerksamkeit auf das Virusgeschehen doch in einen Bereich der Latenz, aus dem sie nicht mehr hervortritt. Denn zumindest in den beiden Sommern konnte man sehen, dass die Dinge *unmerklich* geschehen sind, dass sie sich selbst in die Latenzzone verschoben haben – gerade weil man sie nicht explizit verschieben kann.

Das ist das Paradox der Aufmerksamkeit: Man kann nicht die Aufmerksamkeit darauf lenken, auf Aufmerksamkeit zu verzichten. Das muss von selbst geschehen, es muss sich ereignen, es muss durch die Zeit selbst, also durch das Verschwinden von Ereignissen schlicht geschehen.

Gegenwissenschaften?

Das hört sich fast ein bisschen esoterisch an – dabei ist es eine ziemlich genaue empirische Beschreibung. Und es rechtfertigt tatsächlich, Normalität als Ausnahmezustand zu betrachten. Normalität, also das gerade Gültige, das wie selbstverständlich erscheint, ist deshalb auch Ausnahmezustand, weil es auf fragilen Voraussetzungen beruht: darauf, im Dunkeln zu lassen, wovon wir gar nichts wissen.

Vielleicht ist das der Ursprung dessen, dass (manche) Religionen innere Abgründe thematisieren und auf Erlösung hindrängen, vielleicht ist das die Grundidee, Unbewusstes neben der Bewusstheit zu vermuten oder auch blinde Flecken bei der Erzeugung von Wissen – und

Latenzbereiche zur Stabilisierung sozialer Ordnung und »Normalität«. Gewöhnt sind wir seit dem 18. und 19. Jahrhundert an die schönen Geschichten eines »Absoluten«, durchschaubarer Prinzipien oder Taxonomien oder auch an das Versprechen, durch Wissenschaft und Aufklärung Transparenz herstellen zu können. Inzwischen wird die Suche nach dem Absoluten durch die Suche nach ihren Bedingungen verunsichert.[8] Entstanden sind daraus, wie Michel Foucault sie nennt, *Gegenwissenschaften – Psychologie, Ethnologie und Linguistik*.[9] Die Psychologie hebt die Latenz der Innenwelt auf, indem sie auf Unbewusstes, auf unsichtbare Muster, auf latente Strukturen aufmerksam macht; die Ethnologie hebt die Latenz des Kulturellen auf, indem sie jedes kulturelle System damit konfrontiert, nur eine weitere Version anderer Möglichkeiten zu sein; und die Linguistik hebt die Latenz der Bedeutung auf, weil sie zeigen kann, wie sehr jeder sprachliche Ausdruck der Welt eher von der inneren Struktur der jeweiligen Sprache abhängig ist als von der durch sie bezeichneten Welt. Man könnte noch die *Soziologie* in diese esoterische Reihe einordnen, die soziale Ordnung mit den durch sie ausgeschlossenen Möglichkeiten konfrontiert und damit die Normalität tatsächlich zum Ausnahmezustand erklärt.

Gegenwissenschaften sind sie auch in dem Sinne, dass sie auf die Bedingung des Wissenschaftlichen selbst verweisen – denn die Normalität der Wissenschaften besteht darin, dass sie sogar (durch Methodenkritik und Theoriebildung, Versuchsaufbau und Orientierung an selbst erzeugten Daten) sichtbar machen, dass sie nur sehen, was sie sich selbst zumuten können – und wenn sie gut sind, haben sie sogar einen Begriff davon, was unsichtbar bleibt und bleiben muss.

Nicht umsonst sind es jene von Foucault so genannten Gegenwissenschaften und sind es die Hinweise auf latent gebliebene Bedingungen des »Normalen«, die Aggressionen, Verunsicherung und Unbehagen produzieren. Das Normale ist ebenso verloren wie das Absolute – und vielleicht gelingt es, im Ausnahmezustand nicht nur den Ausnahmezustand zu sehen, sondern eine Form der Normalität, die sich nicht mit sich selbst zufriedengeben muss. Zumindest diese Idee der Aufklärung zehrt wenigstens heimlich an jenen Versprechen des »Absoluten«, das sich absolut verabschiedet hat und womöglich nur noch mit einer Gewalt durchsetzen lässt, die ihre eigenen Bedingungen wiederum im Dunkeln lassen müsste.

Anmerkungen

1 Talcott Parsons: *Societies. Evolutionary and Comparative Perspectives.* Englewood Cliffs 1966, S. 26; Talcott Parsons: *Das System moderner Gesellschaften.* München 1972, S. 12 ff.

2 Vgl. Armin Nassehi: *Unbehagen. Theorie der überforderten Gesellschaft.* München 2021, S. 255 ff.

3 Armin Nassehi: »Moral im System. Die Minimalmoral von Kommunikation«. In: Jan-Christoph Heilinger, Julian Nida-Rümelin (Hrsg.): *Anthropologie und Ethik.* Berlin 2015, S. 171–190.

4 Aladin El-Mafaalani: *Das Integrationsparadox. Warum gelungene Integration zu mehr Konflikten führt.* Köln 2018.

5 Zu besichtigen hier: https://www.youtube.com/watch?v=RpTRwlCfkds

6 Zum Beispiel Peter Eisenberg: »Wenn das Genus mit dem Sexus«. In: *Frankfurter Allgemeine Zeitung* vom 28.02.2018.

7 Vgl. Armin Nassehi: »Das Ende der Pandemie muss sich ereignen«. In: *Zeit online* vom 12.09.2021, https://www.zeit.de/kultur/2021-09/corona-pandemie-ende-beginn-zeitpunkt-um gang

8 So das Grundmotiv von Daniel-Pascal Zorn: *Die Krise des Absoluten. Was die Postmoderne hätte sein können.* Stuttgart 2022.

9 Vgl. Michel Foucault: *Die Ordnung der Dinge. Eine Archäologie der Humanwissenschaften.* 3. Aufl., Frankfurt am Main 1980, S. 447 ff.; vgl. dazu auch Armin Nassehi: *Der soziologische Diskurs der Moderne.* Frankfurt am Main 2009, S. 208 ff.

RAPHAEL VON HOENSBROECH
DIE GROSSEN AUSNAHMEKÜNSTLER

Jeder hatte sie als Kind, entweder als Plakat, auf Schallplatte, im Regal oder sonst wo: Idole. Für den einen waren es Sportler, für den anderen Politiker oder Schauspieler, für mich natürlich Musiker. Genauer gesagt, die gesamte Bandbreite von Michael Jackson über Herbert Grönemeyer bis zum Geiger Arthur Grumiaux und Dirigenten Sergiu Celibidache. Man muss nicht Groupie gewesen sein, um das Gefühl zu kennen, einem solcherart verehrten Menschen einmal nahegekommen zu sein. Ich erinnere mich, wie ich mich beim Michael-Jackson-Konzert so weit wie möglich nach vorne durchschlug. Als mich im Stadion schließlich nur noch 25 Meter von ihm trennten, war es fast, als hätten wir miteinander gesprochen. Ausnahmezustand.

Auch heute erlebe ich in meinem Beruf häufig Menschen, die etwa als Autogrammjäger am Künstlereingang stehend einen kurzen freundlichen Blick erhaschen wollen: »Sie hat mich angesehen!« Meine Perspektive hat sich geändert. Es ist für mich Alltag geworden, mit Ausnahmekünstlern Zeit zu verbringen, und dadurch auch irgendwie normal. Damit meine ich nicht, es sei unaufregend geworden. Menschen kennenzulernen, die ein besonderes Leben führen oder eine Sache besonders beherrschen, ist selten langweilig – bei Musikern erst recht. Aber je besser ich einzelne kennenlerne und je echter und wahrer die Beziehung wird, desto mehr sehe und erlebe ich den inneren Menschen im Künstler.

Wo es passiert, und es passiert beileibe nicht immer, wird nicht mehr primär über Musik gesprochen, sondern über die Fragen des Lebens. Da scheinen Bedürfnisse durch, Sorgen und Hoffnungen, oft auch das Staunen über die eigene Situation und wie man da hingekommen ist - und irgendwann auch die Angst des Scheiterns. Wenn diese Verletzlichkeit sichtbar wird, spielen Berühmtheit und Ehrfurcht keine Rolle mehr. Wie sagte mir neulich ein Pianist unmittelbar vor dem Konzert: »Wie soll es mir schon gehen? Furchtbar! Ich muss gleich auf die Bühne und hoffe, die Menschen im Publikum zu berühren, ihnen etwas zu schenken. Aber ich habe keine Ahnung, ob ich das hinbekomme.« Künstlerisch zu scheitern ist vermutlich existenzieller als in jedem anderen Berufsfeld.

Manche freilich werden darüber hart und stumpf, vielleicht, weil sie sich zu oft in ihrer künstlerischen Verletzlichkeit selbst beobachtet und analysiert haben. Und da ihnen nach dem Konzert ohnehin jeder nur Honig um den Mund schmiert, legen sie einen schweren Panzer an - bis sie denken, sie seien unverletzbar. Einige sind dann schwer zu ertragen, sie werden mürrisch oder selbstsüchtig. Ich vermute, es ist die Sucht nach Bestätigung und immer wieder neuer Bestätigung. Auf diese Weise definiert so mancher seine Identität: über Erfolg. Was möchte ich diese Künstler manchmal schütteln, die Panzerschale von ihnen nehmen und sagen: »Du wirst geliebt! Deine Identität hängt nicht ab von deiner Leistung. Du darfst auch einfach Mensch sein.« Aber das ist schon wieder ein Ausnahmezustand, dass eine Beziehung so tief und wahrhaftig ist, dass ich jemandem das sagen kann.

Horst Bredekamp
Kunst und Ausnahmezustand
Kleine Geschichte eines umkämpften Zusammenhangs

Die ästhetische Geltung des Ausnahmezustands

Die berühmte Definition des umstrittenen Juristen Carl Schmitt: »Souverän ist, wer über den Ausnahmezustand entscheidet«, hört nicht auf, in die Überlegungen zur Theorie des Politischen einzudringen. Für Schmitt bezeichnet der »Ausnahmezustand« jene Zeitspanne, in welcher der Rechtsrahmen suspendiert werden muss, um diesen zu retten. Da die Normalzeit dazu tendiere, sich als ewig zu empfinden, sei dieser Status für Juristen daher so etwas wie das Wunder für die Theologen. Die Zeit der Ausnahme rette die Zeit der stabilen Normalität, indem er als ihr Kraftquell auftrete: »In der Ausnahme durchbricht die Kraft des wirklichen Lebens die Kruste einer in Wiederholung erstarrten Mechanik.«

Dieses Konzept wirkt zunächst kryptisch wie autoritativ, sodass es fraglich erscheinen könnte, ob eine Beschäftigung weiterhin lohne. Aber im gegenwärtigen Kampf um den Fortbestand der liberalen Demokratien steht es gleichermaßen als Freund und Feind im Licht der Scheinwerfer. Zumindest vordergründig hat es allein schon durch die Coronakrise neue Aktualität erfahren. Die Frage, ob ihr mithilfe der »ewigen Diskussion« über mögliche Entscheidungen oder durch die plötzliche Dezision, wie sie durch illiberale Staaten wie China angeblich effizient vorgeführt wird, beizukommen ist, besitzt einen Vorscheincharakter für zukünftige Umbrüche und Umbauten des Politischen.

Von beträchtlicher Bedeutung für die Aktualität von Schmitts Souveränitätslehre ist zudem die Reflexion des Ausnahmezustands weit über das Feld des Politischen hinaus, im Bereich der Ästhetik und der

Kunst. Der Hauptzeuge war zur Zeit der Formulierung von Schmitts Souveränitätslehre bekanntermaßen Walter Benjamin, der neben weiteren Erwähnungen in der Widmung seiner Schrift über den *Ursprung des deutschen Trauerspiels* bekundete, die Kategorien seiner Literaturtheorie wesentlich aus Schmitts Überlegungen gezogen zu haben. Benjamin hatte erkannt, dass die Brisanz von Schmitts Argumentation nicht allein im Feld der Staatstheorie lag, sondern in der Verbindung von politischer Theologie und Kunsttheorie.

Die Klammer lag in Schmitts zeittheoretisch gefasstem Begriff des *Katechon*, den er erstmals in seiner kleinen Schrift *Land und Meer* von 1942 in Bezug auf Karl den Großen als den »Aufhalter« verwendete. Fünf Jahre später hieß es unverändert im *Glossarium*, dass der *Katechon* allein die Möglichkeit biete, »Geschichte zu verstehen und sinnvoll zu finden«. Die kontinuierlich ablaufende und damit entrinnende Zeit müsse aufgehalten werden, um jene Essenz des Lebens zurückzuholen, die in der Entscheidungsunlust der ewigen Rede ersticke.

Punktgenau war damit das Credo der Avantgarde-Bewegungen formuliert, sich mit höchster Überbietungskraft der Kontinuität entgegenzustellen und mithilfe immer neuer Nullsetzungen unverwechselbare Singularitäten und zeitliche Unmittelbarkeiten zu erzeugen. In seinem Lebenslauf von 1928 äußerte Benjamin, dass Carl Schmitt es erlaube, die Kunstwerke in jener Essenz zu erfassen, »worin sie unvergleichlich und einmalig sind«.

Die Bindung zwischen dem Ausnahmezustand des Politischen und der Präsenz des die Linearität der Zeit unterbrechenden Kunstwerks wirkt zunächst wie ein Urphänomen der Moderne. Es besteht aus drei Elementen: zunächst der von Benjamin genannten Einmaligkeit des Kunstwerks und der damit verbundenen unvergleichlichen Individualität des Künstlers. Aus dieser Eigenschaft entsteht zweitens die Fähigkeit, die Kontinuität der stilgeschichtlichen Formenwelt zu zerschneiden und damit den Charakter der Zeit neu zu definieren. Und schließlich ergibt sich aus beiden Komponenten eine Sphäre des Eigensinns, die als Zone der Ausnahme definiert ist.

Diese Trias ist jedoch keinesfalls ein Merkmal allein der Moderne. Schon Schmitts Begriff des Ausnahmezustands reicht über Søren Kierkegaard zurück in das Mittelalter, wo er in seiner lateinischen Version des *status extraordinarius* verwendet wurde. Seine inhaltliche Füllung liegt in einem weit zurückreichenden Gespinst von Ereignissen und Bestimmungen, die den ästhetischen »Ausnahmezustand« ausfüllten und in einer nicht abebbenden Brisanz entfalteten. Ohne Berücksichtigung dieser tief gelagerten Wurzeln bleibt der Begriff des Ausnahmezustands sowohl nach seiner staats- wie kunsttheoretischen Seite ein nur vordergründiges Phänomen.

Die Individualität

Kaum ein Vorurteil ist aus kunsthistorischer Perspektive so wirkungslos bekämpft worden wie die Vorstellung, dass im sogenannten Mittelalter anonyme Verhältnisse herrschten, welche die Menschen an ihre Herkunftsorte banden und in ihren sozialen Fixierungen verklammerten. Natürlich waren die hier angesprochenen Jahrhunderte geprägt von den Zwängen der Ständegesellschaft, aber es gab Berufsgruppen, die trotz ihrer handwerklichen Herkunft bis in höchste Sphären aufzusteigen verstanden und die weit über Europa hinaus Betätigungsfelder fanden. Es waren Künstler, die als frühe Zeugen einer leistungsbezogenen Individualität herausragten. Entgegen den Vorstellungen eines teleologischen Gänsemarschs, der sich vom anonymen Mittelalter über die Entdeckung des Individuums in der Renaissance bis zur immer weiteren Ausdifferenzierung einzelner gesellschaftlicher Glieder vollzogen habe, in denen die Autonomie ihrer selbst das Geflecht des Gesamten bedingen sollte, liegt der Ursprung der modernen Individualität im sogenannten Mittelalter.

Um die Zeit der Jahrtausendwende, so berichtet es der Historiker Orderic Vitalis gegen 1135, habe der Architekt Lanfredus einen Ruhm eingenommen, der den aller anderen Künstler im Bereich des heutigen

Frankreich übertraf. Für die Gräfin von Bayeux und Ivry habe er ein Kastell errichtet, das von einer solchen Perfektion gewesen sei, dass die Auftraggeberin für alle Zeiten mit der Einzigartigkeit dieses Bauwerkes prunken wollte. Um dies zu erreichen, habe sie den Baumeister köpfen lassen, »damit er nicht an anderer Stelle noch einmal ein ähnliches Werk schaffe«. So grausig sich dieser legendarische Umstand auch darbietet, so ist er doch ein schwerlich überbietbares Zeugnis für das Bewusstsein, dass herausragende Leistungen der Gestaltung mit Individuen und diesen allein verbunden wurden. Dem entspricht, dass die Jahrhunderte des Mittelalters mit einer Fülle von Künstlersignaturen erfüllt waren. Seit 1981, beginnend mit Peter Cornelius Claussen und endend mit Albert Dietl, sind weit über tausend Inschriften erschlossen worden, welche die je individuelle Leistung der Künstler fixierten. Besonders deutlich wird dies, wenn innerhalb von Familienverbünden umso stärker die Eigenleistung betont wurde. So heißt es auf einer Inschrift im Querarm von S. Giovanni in Laterano in Rom, dass ein Vassalletus sein Werk gemeinsam mit dem Vater begonnen habe, um dieses jedoch »selbst und allein« zu vollenden. Immer wiederkehrende, ähnlich lautende Formeln bezeugen die Superiorität des eigenen Tuns. So bezeichnete sich Guillelmus, Architekt des Chores von Caen, als »der höchste in der Kunst der Steine«. Dies galt nicht nur für Architekten. Der Mosaizist Jakobus bekundete um 1225 im Florentiner Baptisterium, er sei »in solcher Kunst vor allen anderen bewährt«, und in Bari betonte ein Anseramus, dass er »als hervorragendster Bildhauer in der Kunst glänzte«.

Derartige Rühmungen der Alleinstellung der eigenen Fähigkeiten waren keine Zufallsbezeugungen. Sie leiteten sich vielmehr aus jener Sphäre ab, die dem Zugriff des Alltäglichen entzogen war. Die Krönung eines solchen Anspruches ist bildlich an der Fassade des Domes von Modena in der Relieftafel links über dem Hauptportal formuliert (Abb. 1).

Die dem Bildhauer Wiligelmus gewidmete Inschrift wird ausgerechnet von den beiden Propheten Elias und Ennoch gehalten, welche die himmlische Unsterblichkeit verkörpern, da sie in den Himmel gelangten, ohne auf Erden gestorben zu sein. Beide dienen gleichsam als Wer-

1) Dom S. Geminiano, Modena, Gesamtansicht der Westfassade, 1099–1110
Bildnachweis: Rolf Toman: *Die Kunst der Romanik. Architektur – Skulptur – Malerei.*
Köln 1996, S. 87.

beträger des Bildhauers, der seine heute über die gesamte Fassade des Domes gesetzten grandiosen Reliefs der Heilsgeschichte geschaffen hat. Auch die Inschrift selbst lässt keinen Zweifel:»Wie viel der Ehre dir unter den Bildhauern angemessen ist, möge jetzt, Wiligelmus, deine Skulptur an den Tag legen.« Aus der Konkurrenz mit den zeitgenössischen Bildhauern ergab sich jene Singularität, die Wiligelmus schon als Lebender mit den Sphären der Unsterblichkeit verbinden sollte.

Zeitschöpfung durch Plötzlichkeit

Neben dem Herausheben des Wiligelmus aus allen anderen Bildhauern enthält die Inschrift der Fassade in Modena eine zeitliche Dimension, die bis in die Gegenwart den Sonderstatus der bildenden Kunst ausmacht. Es ist das *nunc*, aufgrund dessen der Status des Wiligelmus mit der Wucht der Plötzlichkeit performativ eintritt. Auf einen Schlag, hier und heute, *jetzt*, tritt die Sonderstellung des Wiligelmus in Kraft.

Wenige Jahrzehnte später nahm die zu Ehren des Architekten Busketus um 1130 an der Fassade des Pisaner Domes angebrachte Inschrift eine weitere Neubestimmung der Zeit vor. Busketus, so heißt es in dieser Hymne auf die Leistung des Architekten, habe die Kunst der Antike so weit übertroffen, dass diese wie der Irrgarten des Dädalus wirke:»Ein dunkles Gebäude war das Labyrinth, Dädalus, dunkel ist auch dein Lob. Das Lob des Busketus erweisen aber seine glänzenden Tempel. Kein Vergleichsbeispiel hat der aus schneeweißem Marmor erbaute Tempel, der ganz und gar durch die Schöpferkraft des Busketus entstand.« Es ist diese Zeitbestimmung, die alle Avantgarden, und insbesondere die des 20. Jahrhunderts, anfeuern wird: Geschichte dadurch zu schreiben, dass scheinbar die gesamte Vorgeschichte außer Kraft gesetzt, überwunden und ausgehebelt wird. Auch Busketus schafft ein singuläres Ausnahmewerk *(non habet exemplum)*, und wie zuvor Wiligelmus, so hebt der Ruhm auch den Pisaner über die irdischen Gefilde hinaus »zu den Sternen«.

Im Jahre 1162, also erneut eine Generation später, verkündete der Bildhauer Guillelmus von der Pisaner Domkanzel, dass dieser Zeitriss mit dem Begriff der Moderne belegt wurde:»Dieses Werk hat Guillelmus, ausgezeichneter als die in der Kunst Modernen, im Zeitraum von vier Jahren vollendet, und zwar im Jahr des Herrn 1162.« Der Bildhauer definiert sich als»Avantgarde«, indem er die»Modernen« überragt. Nachdem sich die neuere Kunstgeschichte in Form des Pisaner Domes gegen die Antike abgesetzt hatte, gewann sie nun dynamische Züge. Mit Guillelmus wurde die Moderne als Motor einer Selbstübersteigerung charakterisiert. Die Kunst erlebte einen bewusst sich selbst überbietenden Anspruch.

Auch dies war kein Einzelfall. An der Fassade des Domes von Spoleto heißt es:»Dies ist ein Bild, das zum besten Gefallen der gelehrte Solsternus, der höchste Moderne in dieser Kunst, im Jahre 1207 geschaffen hat.« Damit sind die wesentlichen Kategorien ausgebildet, die das Geschichtsbild aller Avantgarden bis heute prägen. Entscheidend ist die Plötzlichkeit eines Einbruches in die Kontinuität der Zeit.

Die geschichtstheoretische Reflexion, die sich in den Inschriften äußert, ist nicht weniger bezeichnend wie die diametral entgegengesetzte Überzeugung, die Antike niemals distanziert zu haben, wie sie zur selben Zeit im christlichen Nordspanien gelebt wurde. Hier war es Stefan Trinks zufolge eine Weiterführung der antiken Formen, die das Bewusstsein stabilisierte, immer noch ein Teil der antiken Welt zu sein, wie sie in den Reliquien des heiligen Isidor inkorporiert waren. Die Welt der Kunst ermöglichte einen frühen Historismus, der den Zeitriss ebenso kannte wie eine Kontinuität, die konträr zum übrigen Europa stand.

Kantorowicz' Definition des Künstlers als Souverän

Keine zweite Schrift hat all diese Phänomene treffender für die Bestimmung eines ästhetischen Ausnahmezustands analysiert als Ernst Kantorowicz' zu Ehren Erwin Panofskys verfasster Essay *Die Souverä-*

nität des Künstlers im Mittelalter. Er bezieht sich auf die Poesie, gilt aber auch für alle Gattungen der bildenden Kunst. Die Botschaft der Inschriften, die von der Individualität wie auch der Zeitbestimmung der Künstler zeugen, finden in Kantorowicz' Artikel eine staats- wie kunsttheoretische Begründung. Herrscher und Künstler erscheinen als die »beiden universalen Mächte«, die gemeinsam aus allen anderen Lebenssphären enthoben sind, weil sie wie Gott etwas aus dem Nichts, »de nihilo aliquid ut deus«, zu gestalten vermögen. Damit standen sie, wie der Kirchenrechtslehrer Tancred den Päpsten attestiert hatte, auch jenseits des Rechts. Von Petrarca an, der bei seiner Krönung auf dem Kapitol von Rom den Purpurmantel des Königs von Neapel trug, sei diese Konsequenz der Schaffung *aus dem Nichts* vonseiten der Dichter ausgespielt und beansprucht worden.

Die rechtliche und soziale Ausstattung des Ausnahmezustands

Die Renaissance, die als vermeintliche Geburt des Individuums und des Künstlergenies gilt, hat demzufolge lediglich beerbt, was zuvor bereits eine juristisch qualifizierte Statusdefinition gewesen war. Wenn in der Renaissance die herausragenden Künstler als *alter deus*, zweiter Gott, bezeichnet wurden, dann waren dies Umhüllungen wie auch Erhöhungen jener Positionierung herausragender Künstler in der Zone der Ausnahme, die von Kantorowicz so eindringlich bestimmt worden war.

Diese Sphäre erhielt für die Ausbildung des frühmodernen Staates, wie er bis heute unter dem umstrittenen Begriff des Absolutismus firmiert, eine eigene, nicht unwesentliche Funktion. Sie betraf die Paradoxie, dass die zahlreichen konkurrierenden und sich teils widersprechenden Rechtssysteme in einen allgemeingültigen Rahmen durch eine Person überführt werden mussten, welche diesen im Sinne Carl Schmitts von Zeit zu Zeit zu übersteigen hatte, um ihn halten zu können. Dieser Amtsträger musste bisweilen einen archimedischen Punkt einnehmen, der ihn über das Rechtssystem stellte, das er seinerseits verkörperte.

Es gab nur eine Bevölkerungsgruppe, gegenüber der er nicht nur das Instrument der Gnade anwenden konnte, das als ein Wundermittel der gelegentlichen Strafbefreiung zu den rechtlich qualifizierten Maßnahmen gehörte. Sie war befähigt, aus dem Rechtsrahmen an sich herausgehoben zu werden, und dies war die Elite der Künstler. Fraglos wurden sie in ihrer überwiegenden Mehrheit den gültigen Gesetzen und Strafen unterworfen. Was hier zur Bedeutung der Ausnahme führte, war allein die Rechtsenthobenheit jener berühmten Künstler, die dem Souverän als Partner und Antipoden gegenüberstehen konnten, weil sie allein wie diese »aus dem Nichts« zu schöpfen vermochten.

Diese kleine, aber durchaus ins Gewicht fallende Riege von Künstlern, die teils schwere Verbrechen begangen hatten, ging also straffrei aus. In Umkehrung der Gräfin von Bayeux und Ivry, die ihren Architekten angeblich köpfen ließ, um seine Fähigkeiten allein mit ihr zu verbinden, waren es nun die zukünftig zu erwartenden Schöpfungen, die es den Päpsten und Kaisern erlaubten, Künstler, die teils nach zeitgenössischem Maßstab gleich mehrfach die Todesstrafe verdient hätten, außer Strafe zu stellen. Die nicht unbeträchtliche Reihe derartiger Fälle betraf unter anderen Veit Stoß, Michelangelo, Leone Leoni, Benvenuto Cellini und Giovanni Lorenzo Bernini.

Besonders aussagekräftig sind die Beispiele von Cellini und Bernini. Der begnadete Bildhauer Cellini wurde gleich mehrfach zum Mörder. Nachdem er trotzdem vom Papst entstraft worden war, begegnete er dem Hass der Angehörigen mit der Formulierung Pauls III.: »Nehmt also zur Kenntnis, dass Männer wie Benvenuto, die in ihrem Beruf einzigartig sind, nicht dem Gesetz unterworfen sein müssen.«

Auch Bernini geriet zum Bewohner des Wunderlandes der translegalen Ausnahme. Er hatte seinen Bruder mit seiner Geliebten, der Ehefrau seines Mitarbeiters, in flagranti erwischt, woraufhin er deren Gesicht mit Messer und Säure zeichnen ließ. Seinen Bruder suchte er im Kirchenraum von Santa Maria Maggiore, wohin dieser geflohen war, zu töten. Papst Urban VIII. erreichte daraufhin ein flehentlicher Brief der Mutter des Künstlers, die nicht etwa um Begnadigung bat, sondern darum, ihn zu bestrafen, weil er sonst endgültig agieren würde, »als wäre er der Herr der Welt«. Ihr Sohn, der sich gebare, »als wenn es für ihn keine Herren und keine Justiz gebe«, möge gezügelt werden. Den Papst rührte dies jedoch nicht. Er versetzte Bernini in die Straffreiheit, weil nur er in der Lage sei, das göttliche Licht auf die Welt herabzuziehen und in seinen Werken zu materialisieren; er sei »ein seltener Mensch, von sublimer Begabung, durch göttliches Wirken geboren, um zum Ruhme Roms Licht in dieses Jahrhundert zu tragen«. Auch Bernini wurde somit als Ausnahmekünstler zum Medium eines translegalen Status *super ius et contra ius.*

Der von Kantorowicz rekonstruierten Rechtsenthobenheit der Sonderkünstler hat Martin Warnke in seinem jedem linearen Geschichtsgang Hohn sprechenden Werk zur Hofkunst die soziale und finanzielle Ausgestaltung des Ausnahmezustands zur Seite gestellt. Das auffälligste Phänomen lag darin, dass knapp 200 Künstler mit Adelstiteln versehen wurden, die oftmals mit beträchtlichen Einkünften verbunden waren. Auf diese Weise wurden Privilegierungen vorgenommen, an die keine andere Berufsgruppe auch nur annäherungsweise heranreichen konnte.

Eindrucksvoller noch wirkt der Umstand, dass in dieser Zone die Gesetze von Leistung und Bezahlung ungültig waren. Die Auftragsvergabe wurde weder durch ein Preis- noch ein Bezahlungsangebot begleitet, aufgrund derer noch vor dem Beginn der Arbeiten ein verbindlicher Betrag hätte ausgehandelt werden sollen. Die Mechanik des Geldverkehrs war verpönt, weil alles Kaufmännische und damit Krämerische von der Einzigartigkeit jener Werke ferngehalten werden sollte, die weder als schätz- noch bezahlbar erachtet wurden. Mit ihren Marktwerten hätten sie den Stempel der Vergleichbarkeit erhalten und damit den Rang des Einmaligen verloren. Statt als Leistung, die eine Bezahlung erforderte, wurden die Werke als Geschenke übergeben, die vorgeblich mit keinerlei Erwartung verbunden waren. Natürlich wurden sie dennoch entlohnt, aber nicht im Sinne der Erfüllung eines Anspruches, sondern eines ohne jeden Druck in aller Freigiebigkeit übereigneten Gegengeschenkes. Hierin realisierte sich die entscheidende Kategorie: die Souveränität.

Auch auf diesem Feld bietet Cellini überragende Beispiele wie etwa seine *Saliera*, jenes Salzfass, das mit seiner Länge von gut 33 und seiner Höhe von 26 Zentimetern zu jenen Miniaturwerken gehört, die ungeachtet ihrer Maße monumental wirken. Auf dem Oval der Platte ruhen Terra und Neptun, die in der Tradition kopulierender Satyrpaare die Beine im Vorspiel durchkreuzen, während die weit zurückgelehnten Oberkörper wie durch die Sogwirkung der Blicke aufeinander zugezogen werden, sodass sich über dem Gefäß eine unerhörte Spannung von Distanzierung und Attraktion ergibt (Abb. 2, siehe S. 80). Die weiteren Figuren entfalten in der Virtuosität ihrer Körperdrehungen ein Ballett der Entfesselung aus der räumlichen Begrenzung. Unter Cellinis Hand wurde ein kleines Gewürzgefäß zur Quintessenz aller Bildhauerkunst.

Bei der Übergabe von Cellinis kleinem Wunderwerk wurde das Prinzip der wechselseitigen Beschenkung überspitzt. Cellinis Autobiografie zufolge war der französische König so beeindruckt, dass er es nur mit den Augen zu umschmeicheln, nicht aber mit den Händen zu berühren wagte. Er gab es dem Künstler zurück, und mit dieser ehrerbietenden Verweigerung war das Werk aus dem Bedingungsrahmen von Auftrag und Ausführung befreit. Cellini trug das kostbare Werk nach Hause zurück, um es in einem Festessen inmitten von Mitkünstlern einzuweihen. Die Anspielung auf das Abendmahl ist nur zu offensichtlich: Indem er das Salzfass rituell einweihte, gab er sein Werk als Heiland der Goldschmiede an die Öffentlichkeit. Erst nach diesem Akt konnte das Gefäß in den Besitz des Königs gelangen, der mit einem kostbaren Gegengeschenk antwortete.

Im Spiel ihres Umganges begegneten sich König und Künstler als gleichberechtigt. Auch für diesen Sachverhalt bürgt Cellini in seinem für die Künstlersoziologie essenziellen Dialog mit dem französischen König. Dieser habe ihn mit den Worten angesprochen: »Mon ami [...], ich weiß nicht, welche Freude die größere ist: die eines Fürsten, der einen Mann nach seinem Herzen gefunden hat, oder die eines Mannes, der einen Fürsten gefunden hat, der ihm jede Möglichkeit verschafft, um seine großartigen künstlerischen Einfälle umzusetzen.« Als Cellini im Gestus der affektierten Bescheidenheit antwortete, dass sein eigenes Glück überwiege, nahm der König das Wortspiel an, um mit dem Bekenntnis zur Egalität zwischen Herrscher und Künstler zu entgegnen: »So laßt uns sagen, es sei gleich!«

Dialoge dieser Art waren ein Tanz über dem Abgrund. Die Sonderstellung herausragender Künstler, die sich Freiheiten herausnehmen konnten, von denen selbst der engste familiäre Umkreis der Herrscher nur träumen konnte, erzeugte Eifersucht und Missgunst. Auch hier bietet Cellini ein besonders frappantes Beispiel, als Franz I. im Zuge eines Disputes über die Möglichkeiten, Cellini am französischen Hof zu halten, im Sinne der Gräfin von Bayeux und Ivry im Scherz vorschlug, ihn hängen zu lassen. Cellinis Intimfeindin, die mächtige Mätresse des Königs, Madame d'Etampes, hielt genau dies für angemessen. Wenn der König antwortete, dass dies erst geschehen solle, sobald für Cellini Ersatz gefunden sei, so hatte dies angesichts der Einzigartigkeit dieses Künstlers den ironischen Sinn, dass es nie geschehen würde. Gleichwohl gefror ihm bei diesem schwarzen Humor das Blut in den Adern. Der Preis eines Daseins im Freiheits- und Grenzraum der Ausnahme war die Abhängigkeit von Personen, die sich als gleichrangig ausgaben, von denen der eine dennoch im Zweifelsfall über Wohl und Wehe entschied.

Gleichwohl bot die Hofkunst einen einzigartigen Freiheitsraum der Kunst, weil sie auf die Singularität setzte und damit die Grenzen des Stiles, des Geschmacks, der Erotik und der Ethik für geringer erachtete als die Qualität der Form. Ihr Motor war die Innovation, wie sie paradigmatisch in der Aufforderung des Medici-Papstes Clemens VII. an Michelangelo überliefert ist, dieser möge für das Vestibül der Biblioteca Laurenziana in Florenz »eine möglichst eigenwillige Gestaltung« erfinden. Das Ergebnis war eine in ihrer Regelverachtung kaum übertreffbare Architektur.

2) Benvenuto Cellini, sogenannte *Saliera*, Tafelgerät/Salzfass, 1540–1543, Gold, Email, Ebenholz, Elfenbein, 28,5 x 21,5 x 26,3 cm, Kunsthistorisches Museum Wien, Kunstkammer, Inv. Nr. Kunstkammer, 881.
Bildnachweis: https://www.khm.at/objektdb/detail/87080/?offset=0&lv=list

Der Künstlerkult als Gegenbild und Utopie der Moderne

Mit der Französischen Revolution war das Gebot der Gleichheit vor dem Gesetz, unabhängig von deren wirklicher Realisierung, ein Gebot aller Gesellschaftsentwürfe. Herausragenden Künstlern wurde deren Nähe zum Hof nun als luxuriöse Versklavung ausgelegt, und nichts konnte unwahrscheinlicher erscheinen als die Fortdauer einer Sonderzone der künstlerischen Ausnahme. Sie widersprach allem, was dem Gleichheitsgebot heilig war. Aus diesem Grund stieß der Sonderstatus herausragender Künstler auf eine Aversion, die von der Verächtlichmachung bis zum offenen Hass reichte und darin bis heute nachwirkt.

Umso überraschender ist der Umstand, dass die Kunst in ihrer höchsten Bestimmung als Heroine des schöpferischen Grenzgängertums sich womöglich noch mächtiger realisiert hat als in jenen Jahrhunderten, in denen ihr dieser Status geradezu aufgedrängt wurde. Ihr gesteigerter Höhenflug war nun jedoch nicht etwa die Affirmation ihrer Geltung, sondern die Anerkennung der Verluste, die durch ihre Abschaffung eintraten. Wenn die Künstler nicht mehr von den Höfen alimentiert wurden und wenn sie nicht mehr darauf rechnen konnten, im Zweifelsfall dem Räderwerk des Rechts entzogen zu werden, führte dies kompensatorisch zu ihrer nie da gewesenen Überhöhung in der Kunstreligion des 19. Jahrhunderts. Das Modell bot die antike Künstlerlegende, dass sich Alexander der Große im Atelier des Apelles ungezwungen wie ein Kind benommen habe, weil er angesichts des unerreichbaren Status des Malers von allen repräsentativen Pflichten freigekommen sei. Die Szene, dass der Kaiser Karl V. dem Maler Tizian den Pinsel aufgehoben habe, wurde kultisch überhöht, indem diese Beugung als Ansatz zu einem Fußkuss gesteigert wurde. Diesem Gestus verdankten die zahllosen Dürergesellschaften, Kunstvereine und Renaissanceklubs des 19. Jahrhunderts ihre Existenz: Sie huldigten Göttern, gegenüber denen sich die Herrscher zu verbeugen hatten.

Offenbar war die Verkultung der Kunst im 19. Jahrhundert nicht nur eine kompensatorische Projektion unerfüllter bürgerlicher Hoffnungen, sondern diametral entgegengesetzt ein Produkt der Ahnung, dass die Durchsetzung des Gleichheitsgebotes der Moderne mit einem Verlust an Souveränität einhergehen könne. Der heroisierte Künstler diente als Idealbild einer Boheme des großen, authentisch produktiven Lebens, aus dem heraus er ohne materielle Mittel, erneut aus dem Nichts, arm und großartig als überlegenes Opfer zu schaffen verstand.

Tilgung und Resistenz der Ausnahme

Die exaltierte Wiederkehr des durch Kantorowicz und Warnke analysierten künstlerischen Ausnahmezustands, wie sie die Avantgarden des 20. Jahrhunderts aufführten, stand wie erwähnt in Parallele zu Schmitts Lehre von der Souveränität als Riss durch die Kontinuität der »Normalzeit«. Hellsichtig hat Karl Heinz Bohrer dieses Motiv verfolgt. Die Termini des »Schocks« und des »Jetzt« überwölbten die Differenzen, die zwischen zeitgenössischen Dichtern und Philosophen wie Ernst Jünger, Martin Heidegger, André Breton und Louis Aragon bestanden. Insbesondere Benjamins im *Kunstwerk*-Aufsatz gepriesene filmische »Schockwirkung« bezieht sich auf jene Spanne von Normalzeit und Einmaligkeit, die er in seinem Lebenslauf als Produkt der Schulung an Schmitts Überlegungen ausgewiesen hat. Noch bis in seine *Geschichtsphilosophische Thesen* hinein, die Jacob Taubes zufolge »Aug in Aug mit den Thesen Carl Schmitts« verfasst wurden, reicht die Sprengkraft des »Schocks«. Kaum zählbar sind die weiteren Zeugen der Metaphorik des die Dauer durchbrechenden Zeitrisses und des Ansatzes am Nullpunkt des Jetzt, überragend formuliert durch Barnett Newmans *Vir Heroicus Sublimis* (Abb. 3): »The Sublime is Now.« Das *Jetzt* schleudert das Werk in die Sphäre des Erhabenen. Die Gestaltung muss sich entscheiden; sie ist dezisionistisch, und sie überfällt die Umgebung mit dem »Chock« des Jetzt. Hierin liegt, wie Benjamin es formulierte, ihre Transzendenz.

Sowohl der rechtlich-politische als auch der ästhetische Ausnahmezustand wurden im Zeichen einer Abkehr von allen Extremen zunächst in der Zeit um 1968 bekämpft. Hans Blumenberg, der in beständigem Austausch mit Schmitt stand, setzte mit seiner Kritik an der Formel von der *Schöpfung aus dem Nichts* an, indem er ihr einen Gestus unterstellte, der zu oft im Totalitären geendet sei. Die Trilogie zur *Legitimität der Neuzeit*, und hier insbesondere *Säkularisation und Selbstbehauptung* von 1974, lehnte die Lehre vom absolutistischen Urakt der *Schöpfung aus dem Nichts* ab, um die Unzerreißbarkeit des Kontinuums zu retten. Die Demokratie sei zwar weniger spektakulär, aber sie würde verhindern, dass die Kraftakte der Demiurgen aus dem Ruder liefen. Schmitt antwortete trotz aller Anerkennung von Blumenbergs gedanklicher Leistung mit der vernichtenden Kritik, dass dieser nicht etwa das Gegenbild zu »einer Schöpfung *aus* dem Nichts«, sondern vielmehr »die Schöpfung *des* Nichts« geschaffen habe.

Die künstlerischen Spielarten des Ausnahmezustands in den Avantgarden sind mit dem Ende des Kalten Krieges, als die Normalzeit weltweit zu gelten schien, unter Totalitarismusverdacht geraten. Eine nicht weniger markante Wiederkehr dieser Kontroversen vollzieht sich im Rahmen der viel diskutierten *Politischen Korrektheit*. Sie wirkt wie der Versuch, der Kunst den Status des materialisierten Ausnahmezustands, jenseits aller Bindungen und Erwartungen, für immer zu entziehen, indem sie in einer weiß glühenden, alterslosen Putzwut die Sauberkeit des Werkes mit der Makellosigkeit des Schöpfers verbindet. Damit eliminiert das Gebot der ethischen Geläufigkeit von Werk und Künstler alles Diffuse, ohne zu begreifen, dass jede Frisierung großer Texte und die Entfernung missliebiger Kunstwerke diese nicht nur um ihre historische Zeugenschaft, sondern auch um jenen Raum der Erschütterung bringt, in dem die Leser und Betrachter herausgefordert werden.

Die im Gegenzug getroffene Auswahl von Kunstwerken, die den herrschenden Ismen gemäß zu sein scheinen oder sich als solche etikettieren, lassen allein mehr jenen Kitsch übrig, der allen Erwartungskünsten, sei es politischer, sei es religiöser Art, eignet. Kaum etwas steht diesem Reinheitsgebot und dessen pennywisehaften Überspitzung in der sogenannten *Wokeness* stärker entgegen als die Autonomie der

3) Barnett Newman, *Vir Heroicus Sublimis*, 1950–1951, Öl auf Leinwand,
242,2 x 541,7 cm. 1969, Museum of Modern Art (MoMA) New York, Obj. Nr. 240.
Bildnachweis: © 2022 Barnett Newman Foundation, Artists Rights Society (ARS),
New York
https://www.moma.org/collection/works/79250

Kunst als Bewohnerin einer Sphäre der Ausnahme, in die hinein per se keine Zensur dringt, weil sie sich, bedingungslos auf die Gestaltung von Form zugehend, jeder ethisch und politisch gemünzten Erwartung entzieht. Richterlich wurde dies zuletzt am 14. August 2013 durch das Kasseler Urteil im Prozess gegen Jonathan Meese festgehalten. Vordergründig mögen die Angriffe auf die Kunst als Wiederkehr des ethisch vermauerten, alterslosen Spießbürgertums in seiner Paranoia vor dem Kontrollverlust und der daraus folgenden Zusammenpressung der Handlungsweisen und Sprechakten sein. Jenseits einer solchen sozialpsychologischen Deutung zeigt sich diese Abwehr von allem Unangepassten jedoch als eine neue Etappe in der Folge des Kampfes um den ästhetischen Ausnahmezustand als Symbol und Garant von Freiheit schlechthin.

Jeder Mensch wird eigene Erlebnisse nennen können, die ihn gegen alle Erwartungen und Zuordnungen in eine Präsenz des künstlerischen Ausnahmezustands gebracht haben. Wolfgang Braungart beteuert zu Recht, dass dieser Effekt heute angesichts dessen, dass die Provokation des Schocks von der Warenästhetik übernommen worden sei, im Gegenzug gerade auch von der »leisen phänomenalen Intensität« empfunden werden kann. Nur als Beispiele seien aus meiner Erfahrung die beide Seiten verbindenden Glasfenster Imi Knoebels in der Kathedrale von Reims genannt, die mich anlässlich ihrer Enthüllung im Sommer 2011 überfielen. Der Umstand, dass ein minimalistischer Beuys-Schüler eine überwältigende Antwort auf das Raumerlebnis der Kathedrale gab, war so unerwartet, dass dieses Ereignis wie aus jener »Transzendenz« zu kommen schien, die Benjamin hypostasierte. Ein zweites Exemplum war 2017 die Duisburger Schau der Werke von Rebecca Horn, mit all ihren schneidenden und erotischen Skulpturen, welche heute vermutlich die Wand der Trigger-Warnung kaum hätten durchdringen können.

Obwohl Künstler immer auch mit den Medien gehen und, so etwa bei Nam June Paik und Stephan von Huene, Medien und Robotik entscheidend vorangetrieben haben, und obwohl es grandiose digitale Kunst gibt, die kaum angemessen gewürdigt wird, so bleibt die Kunst doch eine Matadorin der Materie, der sie trotz aller Finis-Rufe immer wieder unwiderstehlich zur Geltung verschafft. Hierin liegt die Essenz der Ausnahme.

Die Coronajahre haben der Digitalisierung einen ungeheuren Schub gegeben, der, wenn sein pandemiebegründeter Zwangscharakter nachlässt, seine Vorteile erst wirklich zeigen dürfte. Er zielt auf die Sphäre der Nützlichkeit, der Bequemlichkeit, der Geschwindigkeit und auch der Begegnung. In Momenten der Ausnahme, so im März 2020, als der Opernchor von Rom das *Va, pensiero* virtuell aus den Privatwohnungen als Mosaik der inneren Bewegung aufführte, erreichte er auch die Seelen. Auf die Dauer aber hat sich gezeigt, dass jene Zone, derentwegen sich die Hofkünstler ihre Werke nicht bezahlen ließen, sondern als Geschenke übereigneten, auf das körperliche Erlebnis der Musik, des Theaters und der bildenden Kunst im realen Raum angewiesen ist. Ein solches, unvergessliches Erlebnis ereignete sich, als das *Lexichaos* Stephan von Huenes in Frank Gehrys schwingendem Konzertsaal der Barenboim-Said-Akademie im März 2021 als temporäre Ausstellung eingeweiht wurde. Niemand der Teilnehmer wird dieses *Momentum* vergessen, in dem sich eine zweite Wirklichkeit als analoger Lebensraum des künstlerischen Ausnahmezustands erlebbar machte. Das Festhalten am Sonderstatus der Kunst, der als Kunstfreiheit in der Verfassung einen höheren Rang einnimmt als die meisten der weiteren Grundrechte, zehrt von jenem Ausnahmezustand, der ins Totalitäre geraten kann, aber auch die Freiheit der Gestaltung nicht nur der Kunst garantiert. Er ist fragil, aus seiner historischen Tiefenschicht heraus aber ein unantastbares Zeugnis eines radikalen Begriffs von Freiheit.

Islandtief (2)

VIRTUELLE LAVA

Die Berit-Glanz-Kolumne

Es ist schwierig, ein Erdbeben zu beschreiben. Die kurzen Erdstöße, die ich bis jetzt auf Island erlebt habe, fühlten sich für mich ungefähr so an, als wäre ein Schwertransporter direkt neben dem Haus vorbeigefahren. Ein kurzer starker Stoß, begleitet vom Klirren und Klappern geschüttelter Möbelstücke. Danach bin ich immer froh, dass die Beben auf Island nur kurz sind, denn es ist sicherlich viel aufwühlender, diese Sensation über mehrere Minuten zu erleben. Die Sekunden der Erdbeben auf Island fühlen sich aufregend genug an, weil die Annahme eines festen Bodens wortwörtlich ins Schwanken gerät.

In den letzten Dezemberwochen des Jahres 2021 hat es auf der Halbinsel Reykjanes regelmäßig Erdbeben gegeben, die bis in die isländische Hauptstadt spürbar waren und bei vielen Erinnerungen an die Zeit vor dem Vulkanausbruch im vergangenen Frühjahr wachriefen. Diese Monate waren für die Menschen mit Wohnort im erweiterten Umfeld des Vulkans anstrengend, denn ständig wackelte die Erde. Serien von großen und kleinen Erdbeben waren die Vorboten der Eruption, und als sich Mitte März endlich die Erde öffnete, die Lava sich aus einer Spalte in ein Tal im Süden des Fagradalsfjall ergoss, gab es bei vielen Menschen, die monatelang von Erdbeben geschüttelt wurden, ein Gefühl der Erleichterung: Endlich war das Ereignis, das sich so lange angekündigt hatte, eingetreten.

Auf Island gibt es eine ausgesprochen kompetente und gut ausgestattete Vulkanforschung, was natürlich naheliegend ist, wenn sich das

Lebenszentrum einer Gesellschaft auf der Grenze zweier Kontinental-
platten befindet, durch deren Auseinanderbewegung die Vulkanausbrüche Teil des Alltags sind. Das umfangreiche Warnsystem für die
zahlreichen Gefahren einer Vulkaninsel im Nordatlantik, von Stür-
men über Erdbeben bis hin zu Lawinen, ist engmaschig und digital
transparent gestaltet.

Wackelt die Erde in meinem Arbeitszimmer, kann ich nur kurze Zeit
später im Internet nachschauen, wo das Beben sich genau ereignete,
in welcher Tiefe sich das Epizentrum befand und wie stark es auf der
Richterskala war. Bei leichteren Erdbeben merke ich den Stoß gar
nicht jedes Mal, aber hin und wieder fühle ich, wie sich mir die Haare
aufstellen, als würde mir mein Körper ein instinktives Warnsignal geben, und wenn es kurz klappert, war es vermutlich ein Erdbeben.
Manchmal schaue ich dann, ob in der Messtabelle ein neues Ereignis
aufgetaucht ist und ob es zum Zeitpunkt meiner Wahrnehmung passt.
Spiegelt die Messung mein individuelles Erleben wider?

Gibt man das Wort »Erdbeben« in die Suchmaske von Google ein,
bekommt man zahlreiche Kartenausschnitte mit stärkeren Beben der
letzten Tage, die eine Größe von mehr als 5 auf der Richterskala erreicht haben. Die Daten für diese Darstellung zieht Google von der
US-Behörde United States Geological Survey. Viele der in den Karten
sichtbaren Orte befinden sich an den Plattengrenzen. Vor allem der
Pazifische Feuerring taucht immer wieder auf.

Ich kann dort etwa sehen, dass es vor wenigen Tagen ein stärkeres
Erdbeben auf Südgeorgien und den Südlichen Sandwichinseln gab.
Einer kleinen Inselgruppe, die bloß in den Sommermonaten eisfrei
ist, sodass sich dort nur um die 30 Personen aufhalten, die das Beben
überhaupt hätten spüren können. Es ist interessant, wie sich so durch
das Erleben von Naturphänomenen gedankliche Verbindungen herstellen lassen, von der Nordhalbkugel zur Südhalbkugel, von Reykjavík
in das über 13 000 Kilometer entfernte King Edward Point.

Wenn geteilte Erfahrungswelten zu gedanklicher Familiarität führen, dann ist es naheliegend, dass ich mich als Bewohnerin einer

Vulkaninsel für die Umstände von Menschen auf anderen Vulkaninseln interessiere. Beispielsweise habe ich den Ausbruch eines Vulkans auf der Kanareninsel La Palma im letzten September verfolgt. Dabei faszinierten mich nicht nur die Satellitenbilder aus dem europäischen Erdbeobachtungsprogramm *Copernikus*, die den Lavastrom vom Vulkan in den Ozean zeigten, sondern auch die sehr rasch verfügbare Webcam, mit der sich der Ausbruch live beobachten ließ.

Neben anderen Faktoren entscheidet so auch die mediale Repräsentation darüber, welche Naturkatastrophen überhaupt wahrgenommen werden. Das gilt umso mehr, wenn bei den Zuschauenden vor der Konfrontation mit spektakulären Medienbildern oder Livestreams kein grundsätzliches Eigeninteresse an den Phänomenen vorlag, sie nicht selbst bewusst die globalen Vulkanaktivitäten verfolgen, weil sich ihre Faszination für Vulkanausbrüche nicht in persönlicher Betroffenheit oder in wissenschaftlichem Interesse begründet, die gedankliche Verbindung nicht von Feuerzone zu Feuerzone verläuft.

Im vergangenen Jahr sind 30 Vulkane neu ausgebrochen, während andere, wie der Stromboli in Italien oder der Dukono in Indonesien, seit vielen Jahrzehnten durchgehend auf niedrigem Niveau aktiv sind. Nicht alle diese Ausbrüche werden zu Internetphänomenen und Medienereignissen, wie der Ausbruch im Süden des Fagradalsfjall oder der Ausbruch auf La Palma. Das liegt unter anderem daran, dass nicht alle Ausbrüche gleich bildgewaltig sind: Glühende Lavaströme oder explosive Eruptionen erzeugen bessere Pressebilder.

Doch selbst bei visuell beeindruckenden Ausbrüchen in gut zugänglichen Regionen hängt die internationale Reaktion, neben anderen Mediendynamiken, auch stark mit der Verfügbarkeit und der Qualität der medialen Begleitung zusammen, die in der Gegenwart auch entscheidend in die sozialen Medien ausgelagert sind. Viele Vulkane lassen sich per Webcam beobachten, doch in Island gab es nicht nur eine Webcam, als der Ausbruch anhand der Beobachtung von seismischen Aktivitäten immer wahrscheinlicher wurde, sondern nach der Eruption wurden auch in sehr rascher Folge zahlreiche Livestreams mit unterschiedlichen Perspektiven aufgestellt, die online auf große Resonanz stießen und oft hohe vierstellige Zuschauer*innenzahlen hatten. Nur wenige Tage vor dem isländischen Vulkan war bereits der Ätna am 7. März heftig ausgebrochen, doch die Aufnahmen des Ausbruches am Fagradalsfjall tauchten sehr viel häufiger in den sozialen Medien auf. Scrollt man bei Instagram aktuell durch die Bilder des Hashtags #Volcano, ist es auffällig, wie viele der Bilder immer noch vom Ausbruch aus Island stammen.

Die Eruption des vergangenen Jahres wurde zu einem Internetphänomen, wie das im Fall der isländischen Natur und Landschaft oft geschieht. Es lohnt sich aber, der Popularität dieses speziellen Ausbruches auf den Grund zu gehen, da sich hier einiges über Aufmerksamkeitslenkungen in Zeiten sozialer Medien lernen lässt.

Der Vulkanausbruch fand in der Hauptstadtnähe eines extrem online- und technikaffinen Landes statt, dessen exzellente Internetverbindung bis an die Ausbruchsstelle des Vulkans reicht. Das bedeutet, es war für die Bevölkerung sofort möglich, zur Wanderung an den Kraterrand aufzubrechen, und rasch teilten sich viele Bilder und Videos des Vulkans und Selfies von Menschen vor rot glühender Lava in den sozialen Medien.

Die isländischen Besucher*innen ließen Drohnen über die Ausbruchsstelle fliegen, die spektakuläres Bildmaterial lieferten. Gewohnt selbstironisch wurden zahlreiche Hot Dogs auf der Lava gegrillt und Volleyballspiele am Rand des Vulkans abgehalten. Später waren es die Geschichten, wie die vom Versuch, den Fluss der Lava umzulenken, um eine Straße zu retten, die immer wieder für neues Interesse sorgten. Webcam-Aufnahmen von einem Tornado über dem Vulkan oder Aufnahmen aus Helikopterflügen in der Nähe des Kraters sorgten für fortlaufenden Bildernachschub.

Hinzu kam, dass der Vulkanausbruch in der beinahe außerirdisch wirkenden schwarzen Lavalandschaft von Reykjanes stattfand, was den Bildern eine entsprechende Atmosphäre verlieh. Eindrücke, die durch Nordlicht oder Schneefall in Kombination mit dem Vulkanausbruch noch verstärkt wurden. Der Ausbruch auf Island wurde deswegen auch als Touristeneruption bezeichnet. Er sorgte für die sozialmediale Resonanz, die entscheidend für den Erfolg Islands als Tourismusziel ist. Zur großen Popularität des Ausbruches im Vergleich zu den Eruptionen anderer Vulkane im vergangenen Jahr trug nicht nur die gute Erreichbarkeit bei, sondern auch die relative Folgenlosigkeit des Ausbruches: Es kam zu keinerlei Toten und die einzige ernsthaft bedrohte Infrastruktur war eine Straße. Der Ausbruch war so als ästhetisches Ereignis ohne schlechtes Gewissen konsumierbar, ein Beispiel für die technischen Möglichkeiten, selbst ein derartiges Naturereignis in einigermaßen sicherem Rahmen ablaufen zu lassen. Die Absicherung des Ausbruches für die zahlreichen Interessierten setzte eine fortlaufende technische Beobachtung der Ausbruchsstelle durch die isländischen Expert*innen voraus, die Messung seismischer Signale und der Gaswerte in der Luft, sodass ein Besuch des Vulkans zu einem kalkulierbaren Risiko wurde, der den Grusel ungezügelter Naturkräfte mit dem Sicherheitsgefühl wissenschaftlicher Beobachtung kombinierte.

Er ist damit ein interessantes Beispiel für das von den niederländischen Soziologen Hans van der Loo und Willem van Reijen als sogenanntes Domestizierungsparadox bezeichnete Phänomen. Durch den technologischen Fortschritt im Verlauf der Modernisierung unterlag die Natur einem zunehmenden Zähmungsprozess, der aber gleichzeitig zu einer immer größer werdenden Abhängigkeit der Menschen untereinander und von der für die Beherrschung der Natur verwendeten Technik geführt hat.

Es war kaum verwunderlich, dass der Vulkanausbruch rasch zu einem Touristenort wurde. Das wiederum führte zu den zahlreichen Google Reviews, in denen Menschen wahlweise den Ausbruch oder die insgesamt etwa zehn Kilometer lange Wanderung in das Tal und zurück bewerteten. Beurteilt wurden außerdem der dabei notwendige Aufstieg über einen Hügel, der durch ein Seil abgesichert wurde, und die schwankenden Wetterbedingungen, die für Island sehr typisch sind. Manche der Besucher*innen zeigten sich auch unzufrieden mit der Intensität des Ausbruches am Tag ihres Besuches oder ärgerten sich über den Vulkan, der seit September keine Lava mehr ausspuckt. Der Vulkan im Geldingadalur, dem Wallachtal, führt also mittlerweile ein durch Menschen vermitteltes Eigenleben im virtuellen Raum. Ein Vulkanausbruch ist immer auch ein archaisches Ereignis, das wahlweise Erhabenheitsgefühle oder auch eine beinahe peinlich berührte Verschämtheit angesichts der zügellosen Naturgewalt auslösen kann. Die wissenschaftliche Beobachtung des Vulkans schon vor dem Ausbruch, die beinahe fiebrige Ungeduld beim Warten auf ein nicht vom Menschen kontrollierbares Ereignis und die direkt darauf erfolgende Verwertung des Naturschauspiels mit moderner Technologie von Livestreams bis zu Helikopterflügen zeigen deutlich, wie stark das Verhältnis von Natur, Mensch und Technik in einem Spannungsfeld steht.

Durch die Digitalisierung wird die Wahrnehmung von Naturkatastrophen immer enger verknüpft mit ihrer quasi zeitgleich erfolgenden medialen Aufbereitung. Die globale Rezeption des Ereignisses als Phänomen in den sozialen Medien führt auch zu einer Konzentration von Aufmerksamkeit auf genau die Orte, die mit den besten, spektakulärsten oder verstörendsten Bildern aufwarten können. Das durch Technologie vermittelte Interesse an dem auch ästhetisch befriedigenden isländischen Vulkanausbruch verweist auf die Probleme, mit denen sich Menschen konfrontiert sehen, die auf die stillen und langsamen Katastrophen unserer Zeit aufmerksam machen wollen, wie das Artensterben oder die Klimakatastrophe.

Der isländische Vulkanausbruch des vergangenen Jahres zeigt, wie sehr wir Natur medial vermittelt wahrnehmen, er zeigt aber auch deutlich die Grenzen menschlicher Naturbeherrschung. Als zum Jahresende wieder die Erde zu wackeln begann, warteten wir umsonst darauf, dass der Vulkan erneut ausbrechen würde. Währenddessen explodierte in einer der heftigsten Eruptionen der letzten Jahrzehnte jedoch der Unterwasservulkan Hunga Tonga-Hunga Ha'apai und versetzte mit der überraschenden Intensität des Ausbruches die Forscher*innen in Erstaunen.

Ein Livestream ist bei einem abgelegenen Unterwasservulkan nicht möglich und auch der direkte Kontakt zu den von einem Tsunami und Aschewolken geplagten Inseln des Königreichs Tonga war zunächst abgebrochen. Der Vulkan erschien somit in den sozialen Medien nur als eher abstrakte Satellitenaufnahme einer gigantischen Explosion und die Aufmerksamkeit flachte rasch wieder ab – im Gegensatz zur isländischen Touristeneruption.

Heike Littger
Lagerfeuer
Mitten durch die Prärie

Man darf die Zeit nicht verklären. Es lief nicht reibungslos, als Anfang der 1980er-Jahre HIV auch Deutschland erreichte und sich die Zahl der Infizierten monatlich verdoppelte. Vor allem bayerische Politiker drehten auf. Horst Seehofer, damals Bundestagsabgeordneter für die CSU, wollte Aidskranke in »speziellen Heimen« sammeln, gar »konzentrieren«, Gerüchte kursierten über eine Insel vor Schweden. Hans Zehetmair, bayerischer Schulminister, erklärte Homosexualität als »contra naturam«, gegen die Natur, und plädierte im Fernsehen zum Schutz der vielen für eine gezielte »Ausdünnung« des »entarteten Randbereichs«. Ein eigens erlassener Aidskatalog erlaubte Razzien in Klubs und Parks, die Schließung von Darkroom-Bars und Saunen, zudem Zwangstests für »Ansteckungsverdächtige«, womit nicht nur Homosexuelle gemeint waren, sondern auch Prostituierte und Fixer. Inzwischen distanzieren sich die Herren von ihren Aussagen. In einem Artikel der *Süddeutschen Zeitung* spricht Zehetmair von »gewissen überspitzten Aktivitäten«, wie sie in der Politik vorkommen könnten.

Rita Süssmuth ist es zu verdanken, dass sich Ende der 1980er-Jahre die politische Agenda von Intervention in Richtung Prävention drehte, genauso wie dem Gesundheitswissenschaftler Rolf Rosenbrock. Rückblickend fällt seine Bilanz, wie die Menschen hierzulande durch den Ausnahmezustand glitten, weitgehend positiv aus. Und er fragt sich angesichts von Corona, warum man die Erkenntnisse, die Expertise bis heute nicht nutzt. Zumal Corona nicht die letzten Viren sein werden, mit denen wir uns arrangieren müssen. *Nach der Pandemie ist vor der Pandemie. Und die Zeit dazwischen nur scheinbar die Rückkehr zur Nor-*

malität. »Die Gefahr bleibt bestehen. Wir lernen nur, mit dem Virus zu leben.« Es in Schach zu halten.

Der Unterschied zwischen der HIV- und der Coronapolitik fängt für Rosenbrock bei der Leitfrage an, die quasi die gesamte (Risiko-)Kommunikation bestimmt(e). Heute:»Welche Maßnahmen müssen Politiker beschließen, um Ärzte auf den Intensivstationen vor Triage-Entscheidungen zu bewahren?« Damals:»Wie organisieren wir möglichst schnell Lernprozesse, mit denen sich die gesamte Bevölkerung maximal präventiv und ohne Diskriminierung nachhaltig auf ein Leben mit dem bis auf Weiteres nicht ausrottbaren Virus einstellen kann?« Für den Berliner gehen die beiden Ansätze »meilenweit auseinander«. Der eine verfolge ein für die allermeisten Menschen abstraktes Ziel und erklärt dessen Erreichung zur obersten Bürgerpflicht: Wenn du unsere Regeln nicht befolgst, trägst du dazu bei, dass Ärzte irgendwann über Leben und Tod entscheiden müssen. Der andere rücke den Menschen ins Zentrum, respektiere seine Lebensumstände und seinen Lebensstil: Wir können Sex nicht verbieten. Wir können auch nicht verhindern, dass du Drogen nimmst. Also lass uns gemeinsam überlegen, wie du dich schützen kannst.

Rosenbrock kennt die Einwände, Aids und Corona lassen sich nicht miteinander vergleichen. Allein der Übertragungsweg: Sperma und Blut versus Aerosole. Doch für ihn lässt sich an den beiden Pandemien erkennen, was es braucht, um Normalität auch während eines Ausnahmezustands (er)leben zu können. Die wichtigste Waffe – »neben einer leistungsfähigen Aufklärungs- und Beratungsinfrastruktur, als Schutzschild gegen wilde Gerüchte und gefährliche Fakes« – ist für ihn eine realitäts- und lebensbejahende Kampagne, die »unentrinnbar« auf allen Kanälen läuft. Rauf und runter, im Radio wie im Fernsehen, im Kino wie im Internet.»Man muss möglichst jeden Menschen kognitiv wie emotional erreichen«, so Rosenbrock,»aufklären, aufklären, aufklären, emphatisch und empathisch«, über alle Schichten und kulturellen Gruppen hinweg, den »Risk Taker« genauso wie den »Phobiker«, ohne Druck und Panikmache, immer auf Augenhöhe, gerne auch humorvoll und provokant. Die unmissverständliche Botschaft dahinter: »Selbstschutz ist immer auch Fremdschutz – deshalb solidarisch – und *die* alles entscheidende Variable.«

Wer die Hochphase von Aids mitbekommen hat, erinnert sich vermutlich an den Anti-Aids-Spot mit Hella von Sinnen, die als Kassiererin lauthals durch den Supermarkt brüllt: »Tina, wat kosten die Kondome?«, oder der Radioclip »Safer Sex mit Mascha« von Komikerkollegin Anka Zink. Auftraggeber dahinter war die Bundeszentrale für gesundheitliche Aufklärung (BZgA). Unter dem Motto »Gib Aids keine Chance« vernetzte sie sich mit den deutschen Aidshilfen, lancierte Hunderte von Spots, Plakaten, Anzeigen, Kampagnen, Postkartenaktionen und steckte viel Kritik dafür ein. Es waren die 1980er-Jahre. Die Kirche, damals noch mit mehr Einfluss und besserem Image, predigte Enthaltsamkeit. Rechtskonservative Kräfte nutzten Aids, um zu zeigen: Der eingeschlagene Weg hin zu einer liberaleren Gesellschaft ist eine Sackgasse. Selbst der *Spiegel* bediente das Bild von einer »Schwulenseuche« (für das sich das Blatt unlängst entschuldigt hat).

»Beirren ließ man sich davon nicht«, erinnert sich Rosenbrock, der damals in der Enquete-Kommission des Deutschen Bundestages »Gefahren von AIDS und wirksame Wege für ihre Eindämmung« saß. Weil man gesehen hätte: Anordnung und Androhung von Strafen können Verhalten stark beeinflussen, besonders am Anfang, wenn Angst und Unsicherheit überwiegen. Aber mit der Zeit verpuffe die Wirkung – »vor allem in Situationen, auf die der Staat keinen Zugriff hat«. Außerdem stand zu viel auf dem Spiel. Eine Infektion mit HIV kam in den ersten Jahren einem Todesurteil gleich. Zwar stand 1987 ein erstes Medikament zur Verfügung, doch das Virus entwickelte auf den Wirkstoff schnell Resistenzen. Ein wirklicher Durchbruch gelang erst 1996 mit einem Kombinationspräparat, 15 (!) Jahre nach Veröffentlichung des ersten US-amerikanischen Fachartikels über die ungewöhnliche Konstellation von Pilzinfektionen und speziellen Lungenentzündungen.

Anfang der 1990er-Jahre stellte die BZgA fest, dass gerade die 16- bis 45-jährigen Singles nicht mehr so oft zum Gummi griffen, und justierten nach. Der Slogan »Mach's mit« der beiden Kommunikationsdesigner Guido Meyer und Marcel Kolvenbach, damals noch Studenten, ist bis heute auf Plakaten der Aidshilfe zu lesen. In der aktuellen Anti-Corona-Kampagne kann Rosenbrock »fast nichts davon finden« – kein Pfiff, kein Elan, keine Traute, keine Weiterentwicklung – und kommt damit zu einem ähnlichen Urteil wie der *Welt*-Redakteur Jan Klauth, für den Scholz' jüngste Impfkampagne den »Charme einer Raststätten-Toilette« hat. Nimmt man nur wahr, wenn man unbedingt muss.

So erfolgreich die Aidskampagne bis heute auch ist – Deutschland hat seit Jahrzehnten die geringste HIV-Quote weltweit –, die Aufklärung muss weitergehen. Hierzulande liegt die Zahl der Neuinfektionen pro Jahr seit ein paar Jahren stabil zwischen 2000 und 3000 – weniger ist für Rosenbrock »quasi nicht möglich«, Zero Aids hält er für genauso unrealistisch wie Zero Corona –, doch weltweit sieht es wesentlich schlechter aus. Gerade in Osteuropa und Zentralasien nimmt Aids wieder an Fahrt auf. In Südafrika ist fast jeder Fünfte im Alter zwischen 15 und 49 Jahren betroffen, mehr als die Hälfte der Infizierten sind Frauen. Corona verschärft die Situation: Es kommt zu Engpässen bei Tests und Medikamenten, wird die Therapie unterbrochen, können infizierte Menschen das Virus wieder weitergeben und an den Folgen von Aids sterben. Zumal HIV-Infizierte oftmals keinen Zugang zu Covid-19-Impfungen haben und aufgrund ihres angeschlagenen Gesundheitszustands einen schweren Coronaverlauf riskieren. *Ausnahmezustand trifft Ausnahmezustand, und beide begründen zusammen eine neue Normalität.*

Zweimal im Jahr legt das Flüchtlingshilfswerk der Vereinten Nationen seinen Report »Global Trends« vor. Der Tenor: Konflikte, Gewalt und Auswirkungen des Klimawandels treiben immer mehr Menschen in die Flucht. Im Dezember 2020 lag die Zahl der Vertriebenen bei 82,4 Millionen, im Juni 2021 bei 84 Millionen. *Ein Ende des Ausnahmezustands ist nicht in Sicht. Menschen sind in Bewegung und werden in Bewegung bleiben.* Für Jochen Oltmer ist diese Aussage richtig. Trotzdem will er sie so nicht stehen lassen.

Oltmer ist Historiker und Vorstandsmitglied des Instituts für Migrationsforschung und Interkulturelle Studien (IMIS) der Universität Osnabrück. Er versteht, warum die UNHCR ihre Zahlen derart plakativ verpackt. »Die Organisation ist notorisch unterfinanziert, immer im Notfallmodus, es geht um Aufmerksamkeit und Spenden.« Doch auch wenn hinter jeder einzelnen Zahl ein menschliches Schicksal steht, bei einer konstant wachsenden Weltbevölkerung von knapp acht Milliarden sind 84 Millionen gerade mal ein gutes Prozent. »Das ist eine andere Message – absolute Zahlen haben gerade hier das Potenzial, eine immense Bedeutung zu entwickeln und öffentliche Debatten in eine hochproblematische Richtung zu drehen.« Um das Ausmaß und die Bedeutung von Migration zu verstehen, braucht es für Oltmer einen Rundumblick: Wer kommt zu uns, wer kommt nicht zu uns, wer unterwandert wen und wer sagt wirklich für immer Adieu?

Die Migrationsforschung erlebt seit ein paar Jahren eine Expansion. Neue Begriffe werden gesetzt, neue Theorien gebildet. Vor allem, weil zunehmend auch die Kehrseite in den Blick gerät. Es geht nicht nur um Menschen, die sich auf den Weg machen. Sondern auch um Menschen, die in ihren Herkunftsländern bleiben, ganz gleich, wie negativ sich ihr Leben vor Ort gestaltet. Fortgehen und Dableiben, Mobilität und Immobilität.

Oltmer erzählt vom Elendsparadigma, das jahrzehntelang Forschung und Debatte bestimmt hat: »Menschen gehen weg, weil es ihnen – Pardon – dreckig geht.« Doch angesichts der Tatsache, dass immer nur ein (kleiner) Teil aufgrund von Armut, Gewalt, Unterdrückung und Krieg seiner Heimat den Rücken kehrt – »oder beispielsweise die Abwanderung aus der Schweiz 15-mal höher ist als die aus dem Senegal«, kommt man damit nicht wirklich weiter. »Elend führt eher dazu, dass Menschen festsitzen, sich nicht bewegen können – und wenn, dann in der Regel nur vorübergehend, um sich zu schützen, zu überleben.«

Das neue Paradigma dreht sich deswegen um Chancen: Über welche Ressourcen verfügen Menschen, die ihre Region, ihr Land oder gar ihren Kontinent verlassen? Unter welchen Voraussetzungen wird Migration als Werkzeug für mehr Handlungsmacht gesehen? Neben Bildung, (Insider-)Wissen und Communitys geht es immer auch um Emotionen, Werte, individuelle Risikoeinschätzung und soziale Akzeptanz. Werden Bürger gehindert oder bei ihren Plänen unterstützt? Gibt es Institutionen, die Bewegung gar initiieren – wie beispielsweise Universitäten, die sich als »Migrationsmaschinen verstehen und ihren Studenten sagen: Haut ab, zieht in die Ferne!« Genauso wichtig: Wie einladend, wie restriktiv, »wie voraussetzungsvoll« gestalten Länder ihre Einwanderungsprozesse? Wen laden sie ein, wen laden sie aus? Wie stark werden Migranten danach bewertet, wie nützlich sie sind? Wie werden gesellschaftlicher Fortschritt und Wohlstand generell definiert? Und welche Antwort(en) gibt es auf die Frage, ob Menschen überhaupt das uneingeschränkte Recht haben sollten, sich frei über den Globus zu bewegen. Nicht selten wird hier mit zweierlei Maß gemessen.

Migration findet nicht im luftleeren Raum statt, sondern ist immer verknüpft mit »Öffnungs- und Schließungstendenzen«. Jede Gesellschaft, so Oltmer, »handelt fortwährend (neu) aus, wer als Migrant gilt, wer sich in einem Land unter welchen Bedingungen wie lange aufhalten darf, oder auch nicht, wer zugehörig gilt oder wem wenigsten ein Nahverhältnis zugebilligt wird.« Diese Aushandlungsprozesse münden nicht nur in rechtlichen Regelungen, Gesetze, dem Auf-, Ab- und Umbau von Organisationen. Sie lassen Gesellschaften zwischen Extremen hin- und herpendeln. Von Ausnahmezustand zu Ausnahmezustand.

2015 wurden geflüchtete Familien an deutschen Bahnhöfen mit Blumen und Teddybären jubelnd empfangen, in Talkshows betonte man die Gleichheit aller Menschen und freute sich über die Chancen für den hiesigen Arbeitsmarkt. »Heute liest und hört man mit Blick auf die Grenze zwischen Polen und Belarus überwiegend von illegalen Migranten, vornehmlich Männer, die unerlaubt zu uns drängen.« Es geht ums Risiko, um Kriminalität, Terrorismus, volkswirtschaftliche Kosten und Überlastung sozialer Netze. Innerhalb weniger Jahre, so Oltmer, habe sich das Bild, das Vokabular, die Stimmung komplett verändert. Selbst die abwehrende Haltung gegen weitere Stacheldrahtzäune und Mauern an den EU-Außengrenzen weicht schulterzuckender Akzeptanz. Auf *Refugees Welcome* folgt Abschottung. Auch weil die Mehrheit der Bevölkerung inzwischen der Meinung ist, man dürfe sich nicht erpressen lassen, Integration sei gescheitert.

Die Dynamik solcher Phasen ist kaum vorherzusagen. »Es gibt wahnwitzig viele Einflussgrößen«, so Oltmer, »die darüber bestimmen, ob Migration als gut oder schlecht gewertet wird.« Und inwiefern eine Gesellschaft gerade bereit ist, ein- oder mehrdimensional auf das Thema zu blicken. Während Migranten ihr Leben riskieren, um in Schlauchbooten europäisches Festland zu erreichen, reisen andere Migranten mit dem Flieger oder dem Zug ein. Gesprochen wird über solche Arbeits-, Binnen- oder Wohlstandsmigranten wesentlich seltener – und wenn, dann eher unter dem Wording »Mobilität« und »modernes Nomadentum« –, obwohl sie Gesellschaften stärker beeinflussen und grundlegender verändern können.

Ein Beispiel sind die Migranten, die in den 1950er- und 1960er-Jahren durch Anwerbeabkommen nach Europa gekommen sind. »Ohne sie hätte sich Deutschland niemals so rasch in eine Dienstleistungsgesellschaft verwandelt, plötzlich ergaben sich für deutsche Arbeitnehmer völlig neue Perspektiven und Aufstiegsprozesse.« Ein anderes Beispiel sind die Migranten, die aus aller Welt ins Silicon Valley strömen, um dabei zu sein, wenn Google, Apple, Tesla, Twitch oder ein noch unbekannter Player das nächste große Ding an den Start bringen. Mit ihren hohen Gehältern treiben sie die Mietpreise in die Höhe und kicken dadurch Teile der einheimischen Bevölkerung aus der Stadtgesellschaft. Eine Migration, die Gentrifizierung verschärft, geht so gut wie immer Hand in Hand mit Diskriminierung, Kriminalisierung und Verdrängung aus dem öffentlichen Raum.

Oltmer zählt zu Migranten auch Rentner, die ihren Ruhestand auf Mallorca verbringen. Coronaskeptiker, die sich angesichts der drohenden Impfpflicht nach Paraguay absetzen. Italiener, die in Irland das Fish-and-Chips-Business dominieren, die allermeisten kommen ursprünglich aus der Kleinstadt Casalattico. Oder Expats – vornehmlich Manager, die für internationale Konzerne in andere Länder migrieren, um vor Ort eine Zweigstelle zu leiten oder eine Übernahme zu gestalten. Gerade unter chinesischen Investoren gelten europäische Mittelständler und Hidden Champions als lohnende Investition –»und doch wissen wir nur wenig darüber, was das für die betroffenen Unternehmen und Mitarbeiter bedeutet«. 2020 sorgte eine Studie der Otto Beisheim School of Management zumindest hierzulande für Ernüchterung. Die Rentabilität gehe nicht wie erhofft nach oben, sondern nach unten, deutsches Know-how werde lediglich abgesaugt.

Oltmer kommt auf die Aussage »Ausnahmezustand Normalität« zurück. Trifft zu, wie gesagt. Auch wenn sich immer nur ein gewisser Teil der Menschheit in Bewegung setzt, gehört Bewegung vor allem historisch betrachtet zum Normalzustand menschlicher Existenz. Über die Dimension, die Vielschichtigkeit dieses Ausnahmezustands seien wir uns aber oft nicht im Klaren. Anstatt das ganze Bild zu sehen, »fixieren wir uns auf isolierte Migrationsphänomene wie Flucht«, verbeißen uns darin, instrumentalisieren und lassen instrumentalisieren, skandalisieren und lassen skandalisieren. Und erheben erst dadurch einen normalen Ausnahmenzustand zu einem Ausnahmezustand par excellence. *Bei dem man sich dann so etwas wie einen Ausnahmezustand »Normalität« tatsächlich nur noch (zurück)wünschen kann. Wenigstens kurz. Zum Zwischendurchatmen.*

IN EINEM ANDEREN LAND
Volha Hapeyeva

Deutsch ist nicht meine Muttersprache, das heißt, manche Wörter, die ich nicht so gut kenne oder zum ersten Mal höre, verstehe ich durch das Prisma meiner eigenen Sprache. *Ausnahmezustand* ist ein solches Wort, deshalb musste ich es erst nachschlagen, weil mein erstes Verständnis anders war, mehr privat als etwas Marginales oder Außenseitiges. Als Konzept besteht das Wort seit den 1920er-Jahren und hat mit staatlichen Maßnahmen in extremen Situationen zu tun.

Im Januar, als ich vor den Bildern des isländischen Fotografen Ragnar Axelsson stand, erinnerte ich mich daran, wie zerbrechlich alles ist – besonders die menschlichen Körper. Das ganze Leben ist fragil. Die Bilder von Axelsson stellten Menschen, Tiere und Landschaften in den entlegensten Regionen Grönlands, Islands, Sibiriens dar, dort, wo Risiken und Gefahren zum Alltag gehören. Normalität ist zu vage: Was normal für die einen ist, ist unakzeptabel für andere. Wenn außergewöhnliche Sachen passieren, dann passieren sie sehr schnell, und unsere gesellschaftlichen und politischen Systeme sind oft nicht darauf vorbereitet.

Ich wohne gerade in einem anderen Land und kann nicht in meine Heimat zurück. Das hat mich zum Nachdenken gebracht, was man überhaupt als *Heimat* bezeichnen kann. Warum sollte einem das Land so wichtig sein, aus dem man kommt? Ich habe mein Leben vielleicht seit der Kindheit sowieso nicht entlang der Normalität gelebt, vielmehr als Außenseiterin, und wenn man eine Außenseiterin ist, lernt man, Fragen zu stellen, wo andere keine Frage sehen. Als Covid kam, hatte einer meiner Bekannten, der schwul ist, große Probleme, zu seinem Partner zurückzukehren, der in einem anderen Land war; man verbot ihm, in der Quarantäne bei seinem Partner zu wohnen, weil sie staatlich gesehen keine Familie darstellen. Das galt auch für heterosexuelle Paare, die nicht verheiratet sind.

Die Regeln bleiben hinter dem Leben und der Realität zurück. Als mein Bankkonto gehackt wurde, habe ich nach Stunden bei der Polizei begriffen, dass Rechtsnormen keine Gültigkeit für Verbrecher haben, die so viel schneller als Behörden sind und Online-Technologien anwenden, gegen die die Gesetze eines Landes, in dem man sich aufhält, kaum etwas ausrichten können, und so konnten die Polizisten auch nichts tun, um mir zu helfen, weil ich keine Bürgerin dieses Staates bin.

Meine eigene Situation hat mich gelehrt, dass das Leben nicht sicher sein kann. Wir kontrollieren unsere Umstände nicht. Alles, was wir kontrollieren können (aber komischerweise machen wir das nicht sehr oft), sind unsere Gefühle und Reaktionen darauf. Aber wenn wir diese Gefühlskontrolle nicht lernen, werden wir zu einem leichten Ziel für die, die uns manipulieren wollen. In Belarus gibt es immer noch eine Liste von verbotenen Berufen für Frauen – der Staat rechtfertigt das mit der Sorge um die Gesundheit der Frauen, aber das stimmt nicht, der echte Grund für die Berufsverbote ist, die Frauen als Bürgerinnen zu kontrollieren. Das Bedürfnis nach Sicherheit ist wichtig, natürlich, es gilt als eines der Ur-Instinkte der Menschen, aber fragen Sie sich manchmal nicht auch, was der Preis ist, den Sie für diese Sicherheit zahlen?

Extremsituationen wird es immer geben, sie sind Teil unseres menschlichen Lebens. Aber wie wir in diesen Situationen handeln – und uns selbst behandeln –, zeigt, was für Menschen wir sind, was unsere Werte und wahren Ziele sind. Hindernisse sind beängstigend, aber sie können auch Antworten geben, weil gerade in Ausnahmezuständen zum Vorschein kommt, was wirklich wichtig ist, und immer wieder erinnern wir uns dann daran, dass alles doch unbeständig und zerbrechlich ist.

Sibylle Anderl
Wie normal ist Wissenschaft?
Eine kritische Selbstreflexion

0. »Finden Sie das normal?«

Es muss irgendwann im Frühjahr 2002 gewesen sein, als ich mit meinen
Kommilitonen im großen Hörsaal des Physikgebäudes der TU Berlin
saß und der Einführung unseres Professors in die Quantenmechanik
lauschte. Es ging um das berühmte Doppelspaltexperiment, bei dem
Licht durch zwei Schlitze auf einen dahinterstehenden Schirm fällt. Der
Professor erklärte uns, dass sich Licht gleichzeitig wie ein Teilchen und
wie eine Welle verhält: Bei geringer Lichtintensität konnte man per Messung nachweisen, dass ein einzelnes Lichtteilchen immer durch den
einen oder anderen Schlitz hindurchläuft und auf dem Schirm entsprechend auf der einen oder anderen Seite ankommt. Sobald man aber auf-
hörte, zu prüfen, durch welchen Schlitz sich das Licht bewegte, schien
es durch beide gleichzeitig zu laufen: Auf dem Schirm erschien statt
des vorher beobachteten doppelten Streifens ein für Wellen typisches
Interferenzmuster. Wir schrieben das alles bereitwillig in unsere Blöcke
und schreckten erst hoch, als der Professor seinen Erklärstrom unterbrach, um uns entgeistert direkt anzusprechen: »Teilchen und Welle
gleichzeitig! Haben Sie das verstanden? Gibt es hier keinen Widerstand
von Ihnen? Finden Sie das nicht unerhört? Finden Sie das etwa normal?«

Dass wir zu diesem Zeitpunkt die Ungeheuerlichkeiten der Quantenmechanik tatsächlich nicht sonderlich unnormal fanden, lag nicht nur
an unserem insgesamt eher niedrigen Konzentrationsniveau. Für uns war
im Laufe des sehr arbeitsintensiven Grundstudiums so vieles neu und
ungewohnt, dass wir noch gar keinen festen Untergrund physikalischer

Normalität besaßen, um darauf aufbauend weitere Grade des Unnormalen unterscheiden zu können. Dass das eine wissenschaftstheoretisch interessante Beobachtung war, fiel mir erst einige Semester später auf, als ich in einem philosophischen Proseminar eine Bezeichnung für das an die Hand bekam, für das die Vorlesung: »Einführung in die Theoretische Physik« die Vorbereitung gewesen war: die Normalwissenschaft. Als Physikerin wird man im Zuge der umfangreichen Ausbildung darauf abgerichtet, in der Welt bestimmte Phänomene zu erkennen. Man lernt, zu deren Studium bestimmte Methoden anzuwenden, bestimmten Regeln, Normen und Beispielen zu folgen, und mit diesem »paradigmatischen« Werkzeugkasten schließlich Forschungsprobleme zu lösen – Normalwissenschaft zu betreiben. Die Ungeheuerlichkeit der Quantentheorie besteht darin, dass sie ein gänzlich anderes Paradigma darstellt als die Physik, aus der sie historisch hervorging. Ihre volle Wucht entfaltet sie erst, wenn man sich von ihr aus dem Gedankengebäude der klassischen Physik herausreißen lässt. Wenn man in diesem klassischen Gebäude als Studentin im Grundstudium aber noch gar nicht ganz angekommen ist, ist diese Wucht deutlich abgemildert. Die Quantentheorie ist im Lehrplan Teil des Normalen.

Eingeführt hat den Begriff der Normalwissenschaft, zusammen mit dem verwandten des wissenschaftlichen Paradigmas, 1962 der amerikanische Physiker und Philosoph Thomas Kuhn, dessen Buch *The Structure of Scientific Revolutions* als erfolgreichster Bestseller der Wissenschaftstheorie in die Geschichte einging (auch wenn viele der dort dargestellten Ideen bereits 30 Jahre vorher vom polnischen Mediziner, Wissenssoziologen und Philosophen Ludwik Fleck ausgearbeitet worden waren). Was in vielen Aspekten eine treffende Beschreibung bestimmter wissenschaftshistorischer Episoden, wie etwa des Übergangs von klassischer Physik zur Quantentheorie, und des wissenschaftlichen Alltags ermöglichte, öffnete gleichzeitig einer grundsätzlichen Wissenschaftsskepsis Tor und Tür: Wenn Wissenschaftler auf ein bestimmtes Paradigma, auf eine bestimmte wissenschaftliche Weltsicht abgerichtet werden, könnte Wissenschaft dann nicht auch ganz anders sein? Kann Wissenschaft dann noch so tun, als hätte sie etwas mit objektiver Welterkenntnis zu tun? Die Auseinandersetzung mit Kuhns Thesen liefert einen fruchtbaren Ausgangspunkt für den Umgang mit Fragen, die heute aktueller denn je sind. Warum sollen wir der Wissenschaft glauben? Ist das, was Wissenschaftler für »normal« halten, letztlich auch nichts anderes als eine soziale Konstruktion?

1. Das klassische Bild

Kuhns Buch war ursprünglich als Abschlussbeitrag zu einer von Otto Neurath, Rudolf Carnap und Charles W. Morris herausgegebenen Buchserie geplant, der *International Encyclopedia of Unified Science*, in der die Ideen des logischen Empirismus und amerikanischen Pragmatismus diskutiert werden sollten. Sein Blick auf die historische Entwicklung der Wissenschaft trug allerdings nicht unerheblich dazu bei, die Ideen des logischen Empirismus und allgemein die damals vorherrschende Sicht auf die Natur und Logik der Wissenschaften auf den Kopf zu stellen.

Das Bild von Wissenschaft, das Kuhn in seinem Buch attackiert, sieht diese als einen historischen Prozess, im Zuge dessen anhand der wissenschaftlichen Methode immer mehr Wissen über die Welt gesammelt wird. Unser Verständnis der Natur wird demnach immer umfangreicher, besser und detaillierter. Irrtümer werden erkannt und korrigiert, neue Technologien liefern zusätzliche empirische Evidenz, die wissenschaftliche Entwicklung ist ein Wachstumsprozess. Das philosophische Projekt der Wissenschaftstheorie besteht vor diesem Hintergrund darin, die logischen Prinzipien dieses Prozesses zu ergründen und zu beschreiben, welche Kriterien den Erfolg der wissenschaftlichen Methode garantieren.

Wenn die Wissenschaft aber als historische Anhäufung von Wissen verstanden werden soll, heißt das auch, dass sie einen überzeitlichen Kern besitzen muss. Wechselnde Weltbilder, neue politische Konstellationen und andere Organisationsformen der wissenschaftlichen Forschung dürfen keinen so großen Einfluss auf die Wissenschaft haben, als dass ihre kontinuierliche Fortschrittsentwicklung nachhaltig gestört würde. Mit anderen Worten: Wissenschaft ist so weit objektiv, dass sie, obwohl sie als menschliche Aktivität in soziale Strukturen eingebettet ist, ihre Forschungsobjekte jenseits individueller, historisch bedingter Perspektiven beschreiben kann.

Natürlich kann man nicht abstreiten, dass Wissenschaftler in ihrer Tätigkeit stark von dem Zeitalter und dem jeweiligen sozialen Kontext beeinflusst werden, in dem sie leben. In der Wissenschaftsphilosophie gab es aber lange die Vorstellung, dass diese kontingenten Einflüsse wenig besorgniserregend sind, sofern sie nur den »context of discovery« bestimmen und nicht den »context of justification«. Sofern sie als Inspirationsquelle dienen, aber nicht darüber entscheiden, ob etwas als begründetes Wissen akzeptiert wird. Wenn etwa Kepler bei der Formulierung seines dritten Gesetzes von einer planetaren Harmonielehre motiviert wurde, ist das kein Problem, solange Kepler dieses Gesetz nicht allein durch christliche Glaubenssätze rechtfertigt – wir benutzen dieses Gesetz noch heute erfolgreich, selbst wenn wir unsere Umwelt nicht als Ausdruck göttlicher Vollkommenheit sehen. Wir müssen keine Christen sein, um zu sehen, dass das dritte Kepler'sche Gesetz zu den Bahndaten der Planeten passt.

Thomas Kuhn war der Meinung, dass man sich etwas vormacht, wenn man auf diese Weise die Geschichte der Wissenschaften rekonstruiert und so tut, als könne man die Anteile vergangenen Wissens, die zu unserem heutigen Wissenskanon passen, einfach von dem separieren, was sich davon unterscheidet. Wenn wir heute Kepler lesen, dann können wir nicht anders, als ihm unrecht zu tun. Denn ohne in seiner Welt zu leben, ohne seinen starken mystischen Glaubenshintergrund, bleibt das, was wir heute davon verstehen, wie eine schlechte, unzureichende Übersetzung aus einer fremden Sprache. Für die Entwicklung der Wissenschaft bedeutet diese These aber: Es gibt Brüche. Wir besitzen heute nicht unbedingt mehr oder besseres Wissen über die Welt, wir wissen einfach anderes. Die Vorstellung eines stetig anwachsenden

Fundus wissenschaftlichen Wissens funktioniert nach Kuhn nur in relativ kurzen historischen Phasen: den Phasen normalwissenschaftlicher Forschung. Diese These bildet ein zentrales Element für die Sprengkraft, die Thomas Kuhns Buch entwickelte.

2. Normalwissenschaftlich Rätsel lösen

Nach Kuhn stellt sich die historische Entwicklung der Wissenschaften folgendermaßen dar: Zunächst gibt es eine vorwissenschaftliche Phase, in der unsystematisch Fakten zusammengetragen werden, ohne dass eine unter den beteiligten Forschern geteilte Methodik ein Urteil darüber erlauben würde, was wichtig und was unwichtig ist oder was auf welche Weise zu bewerten oder zu kritisieren sei. In dieser Phase gibt es keine Möglichkeit, sich zwischen verschiedenen Schulen auf ein gemeinsames Konzept von Fortschritt zu einigen.

Mit der Zeit kommt es aber vor, dass sich eine dieser Schulen durchsetzt, weil ihr Vorgehen neuartig und Erfolg versprechend wirkt. Es bildet sich daraufhin unter allen Wissenschaftlern ein Konsens darüber, was überhaupt Gegenstand der Wissenschaft ist, welche Probleme interessant und welche eher randständig sind, welche Methoden, Instrumente, Begriffe und grundlegenden Theorien man nutzt, was gute Forschung auszeichnet. All das macht aus, was Kuhn ein »Paradigma« nennt. Nachdem die Wissenschaftler im Zuge ihrer wissenschaftlichen Ausbildung alle diese paradigmatischen Setzungen verinnerlicht haben, können sie anfangen, erfolgreich zu forschen. Kuhn nennt das »puzzle solving«, das Lösen von Rätseln, das die Phasen der paradigmatischen Normalwissenschaft auszeichnet.

Diese der Ernsthaftigkeit wissenschaftlicher Forschung auf den ersten Blick vielleicht nicht angemessen wirkende Bezeichnung motiviert Kuhn psychologisch und methodisch. Das Lösen klassischer Rätsel macht deshalb so viel Spaß, weil man genau weiß, wie man vorzugehen hat. Man weiß, dass der Erfolg nur vom eigenen Scharfsinn und der eigenen Geduld abhängt, das Rätsel davon aber unabhängig lösbar ist. Gleichzeitig erwartet man nicht, von einem Rätsel grundlegend überrascht zu werden. Die Erwartbarkeit der Lösung ist Teil der Befriedigung. Man muss bei einem normalen Kreuzworträtsel beispielsweise nicht in Betracht ziehen, dass es nur dann lösbar ist, wenn man nur jeden zweiten Buchstaben der gesuchten Wörter einträgt oder wenn man das Papier in bestimmter Weise faltet. Es geht bei Rätseln nicht um Kreativität – und wenn doch, wird das vorher angekündigt. Nach Kuhn besteht ein Großteil normalwissenschaftlicher Forschung aus wissenschaftlicher Fleißarbeit, im Zuge derer die Reichweite und die Exaktheit der Anwendung des Paradigmas stetig vergrößert werden.

Dieses spezialisierte, methodisch klar definierte Vorgehen ist nach Kuhn auch der Schlüssel zum besonderen Erfolg des paradigmatischen Forschens. Dadurch, dass keine fundamentalen Probleme bei der Lösung der Rätsel zu erwarten sind, macht man schnelle Fortschritte. Das paradigmatische »Netz von Verpflichtungen« entlastet die Forscher von vielen methodischen, begrifflichen, theoretischen und instrumentellen Entscheidungen. Sie können sich ganz auf die Lösung der speziellen Probleme konzentrieren. Das paradigmatische Vorgehen hat allerdings auch seine Nachteile. Normalwissenschaft erscheint nach Kuhn als »Versuch, die Natur in die vorgeformte und relativ starre Schublade, welche das Paradigma darstellt, hineinzuzwängen«. In keiner Weise sei es das Ziel der normalen Wissenschaft, neue Phänomene zu finden; und tatsächlich würden die nicht in die Schublade hineinpassenden oft überhaupt nicht gesehen.

Letzteres hängt damit zusammen, dass die paradigmatische Prägung auch die Wahrnehmung selbst verändert. Als Wissenschaftler lernt man, die Welt in einer bestimmten Art und Weise zu sehen. Was das bedeutet, erfährt man manchmal etwa bei Arztbesuchen, wenn der Mediziner auf einem Ultraschallbild Organe, Schleimhäute oder Zysten identifiziert, wo für den Laien nur ein Tarnmuster kaum definierbarer grauer Flecken zu sehen ist. Diese Fähigkeit zur spezifischen Mustererkennung ist im Rahmen paradigmatischer Forschung überaus hilfreich. Sie macht aber auch blind für alles, das in diesem Muster keinen Platz findet. Ähnliches gilt für die Sprache. Die Bedeutung von Fachbegriffen ist stark paradigmatisch geprägt – auch das etwas, was man vielleicht aus dem Alltag kennt. Wenn man sich etwa an interdisziplinären Projekten versucht, bleibt das aneinander Vorbeireden mitunter erstaunlich lange unbemerkt, weil die Begriffe verschiedener Fachdisziplinen gleich sein mögen und trotzdem völlig Unterschiedliches bedeuten, völlig unterschiedliche Assoziationen wecken oder auf eine völlig unterschiedliche Begriffsgeschichte verweisen.

Die Schwierigkeit der Verständigung über Paradigmengrenzen hinweg liegt nicht zuletzt darin, dass ein großer Teil dessen, was das Paradigma ausmacht, implizites Wissen betrifft. In der Ausbildung lernen Wissenschaftler oftmals anhand von Übungsbeispielen, ein Gefühl dafür zu bekommen, wie ein Problem zu lösen ist, indem sie bekannte Lösungsstrategien auf neue Probleme anwenden. Das so erworbene Wissen ist »stillschweigend« in dem Sinne, dass es schwerfällt, es in der Form expliziter Regeln zu artikulieren. Wenn man es aber nicht explizit machen kann, ist es kaum möglich, es kritisch zu reflektieren. Dieses intuitive paradigmatische Wissensfundament bildet einen Raum, in dem die Welt des Paradigmas nach außen abgeschlossen ist. Es definiert, was jeweils »normal« ist.

Wenn Wissenschaft aber tatsächlich auf diese Weise funktioniert und die wissenschaftliche Ausbildung nur eine sozial bedingte, im Kern aber recht beliebige Form der Abrichtung ist, wie kann man sich darauf verlassen, dass die Forschung belastbares Wissen generiert? Und wie schlimm wäre ein solcher Befund für die historische Entwicklung der Wissenschaften? Wenig überraschend: Für das Wachstumsmodell wissenschaftlichen Wissens wäre eine solche Wissenschaft ein großes Problem.

3. Brüche

Die dramatischen Folgen der Normalwissenschaft zeigen sich, wenn man den weiteren Verlauf paradigmatischer Forschung betrachtet. Die Starre des Paradigmas, die in Phasen der Normalwissenschaft seinen besonderen Erfolg ermöglicht, kann nach Kuhn mit der Zeit immer stärker zum Problem werden, wenn die Natur sich an immer mehr Stellen einer »Einzwängung« widersetzt. Anomalien treten auf, Probleme also, die sich mithilfe der paradigmatischen Werkzeuge nicht mehr lösen lassen. Während es eine Zeit lang möglich ist, solche Anomalien zu ignorieren und ihre Lösung aufzuschieben oder sie durch Lockerungen des Paradigmas noch einzufangen, kann das Vertrauen der Wissenschaftler in ihr Paradigma zunehmend geschwächt werden. Die Verunsicherung wächst, es wird dann nach alternativen Methoden und Ansätzen gesucht, paradigmatische Annahmen werden immer stärker hinterfragt. Schließlich bilden sich alternative Schulen aus, die miteinander in Konflikt stehen und um neue Anhänger werben, bis sich eine davon als neues Paradigma durchsetzt – das passiert nach Kuhn allerdings nicht auf der Grundlage eines rationalen Diskurses, sondern im Zuge einer Revolution.

Dass Kuhn hier von Revolutionen spricht, soll verdeutlichen, dass es in diesen Phasen keine übergeordnete Instanz mehr gibt, die zur Verständigung zweier sich widersprechender, »inkommensurabler« Paradigmen zurate gezogen werden könnte. Es gibt keine geteilten Theorien, Begriffe und Normen. Die Wissenschaftler leben vor und nach der Revolution in »verschiedenen Welten«. Sie sehen wie bei einer Kippfigur anderes, obwohl sie auf dasselbe schauen, sie verstehen anderes, obwohl sie die gleichen Begriffe verwenden, sie halten anderes für wichtiger und für besser als zuvor. Unter diesen Vorzeichen zerfällt das Bild der Wissenschaft als Wachstumsprozess in das einer unverbundenen Abfolge inkommensurabler Phasen von Normalwissenschaft. Wer Anhänger des neuen Paradigmas wird, wird nach Kuhn von diesem Schritt nicht überzeugt, sondern dazu überredet.

4. Brücken

Diese radikale Idee der Existenz wissenschaftlicher Revolutionen rief entschiedenen Protest hervor, da sie der historischen Entwicklung der Wissenschaften ihr rationales Fundament entzieht. Wenn es keinen Rahmen gibt, innerhalb dessen zwei Paradigmen in Hinsicht auf ihren objektiven Erfolg in der Weltbeschreibung miteinander verglichen werden können, scheint es keine Veranlassung mehr zu geben, unsere heutige Kosmologie für besser zu halten als etwa die mystisch aufgeladene Harmonielehre Keplers oder die Elementenlehre des Aristoteles. Aber widerspricht das nicht all unseren Erfahrungen im Umgang mit wissenschaftlicher Erkenntnis, die immerhin Grundlage unseres technologiedurchwirkten Alltags ist?

Kuhn selbst setzte sich gegen eine radikale, relativistische Lesart bereits 1969 in einem Postskriptum zu seinem Buch zur Wehr. Einem solchen Relativismus werde dadurch vorgebeugt, dass sich wissenschaftliche Paradigmen immer an ihrem Erfolg beim Lösen von Rätseln messen lassen müssen. Insofern gebe es eben doch einen überzeitlichen Kanon unstrittiger Kriterien, die über die Qualität einer Theorie entscheiden: »Genauigkeit der Voraussage, besonders der quantitativen Voraussage, das Verhältnis zwischen esoterischen und alltäglichen Gegenstandsbereichen und die Anzahl der verschiedenen gelösten Probleme.« Diese epistemischen oder kognitiven Werte, die man noch durch weitere ergänzen könnte, etwa durch Einfachheit oder Reichweite, können so einen Kompromiss schaffen zwischen einem Relativismus einerseits und der naiven Vorstellung, Wissenschaft sei ein vollständig objektives Unternehmen: Sie stellen vom Menschen als solche definierte, sozial akzeptierte Werte dar, die aber überzeitlich den Erfolg wissenschaftlicher Erklärungen transparadigmatisch und rational beurteilen lassen. Anders gesagt: Wenn wir heute mit Kepler diskutieren würden, dann könnten wir uns trotz aller kulturellen Unterschiede über die Einfachheit seiner Gleichungen und ihren Erfolg in der Beschreibung von Planetenbahnen freuen – und hätten gleichzeitig Grund zur

Hoffnung, dass er unsere Begeisterung für die Einstein'schen Feldgleichungen teilt.

Auf diese Weise kann man versuchen, über Paradigmen hinweg Standards für die Wahl zwischen Theorien zu definieren, und damit Inkommensurabilität auf der Ebene der Werturteile aufzuheben. Auch die von Kuhn beschriebenen begrifflichen und beobachtenden Inkommensurabilitäten scheinen bei näherem Hinsehen weniger tiefgreifend als zunächst vermutet: Es kommt zwar häufig vor, dass Wissenschaftler aus verschiedenen Disziplinen oder Teilparadigmen aneinander vorbeireden, und doch besitzen sie in der gemeinsamen Alltagssprache ein geteiltes Werkzeug, mit dem sie solche sprachlichen Verständnisbarrieren überwinden können – auch wenn das im konkreten Fall beliebig mühsam sein kann. Ähnliches gilt für das paradigmatisch geleitete Schauen, über das man sich alltäglich verständigen kann. Anders wäre kaum verständlich, dass beispielsweise in der Astrophysik »citizen scientists«, Bürgerwissenschaftler, auch ohne wissenschaftliche Ausbildung in der Auswertung von Beobachtungsdaten wertvolle Dienste leisten können. Schließlich lösen sich auch methodische Kontroversen mit der Zeit oft von selbst auf, wenn zusätzliche Evidenz vorhanden ist oder technologischer Fortschritt erzielt wird. Kurz: Die von Kuhn beschriebenen Brüche in der Wissenschaftsgeschichte scheinen durch die Einbettung der Wissenschaftler in eine multidisziplinäre Forschungslandschaft und eine gemeinsame, dynamische Lebenswelt weit weniger drastisch.

Ganz abgesehen vom Problem der wissenschaftlichen Revolutionen kann man aber auch schon auf der Ebene der Normalwissenschaft kritisch nachhaken, ob Kuhns Beschreibung der Forschung wirklich umfassend dem Vorgehen der Wissenschaftler entspricht. Karl Popper etwa war da ganz anderer Meinung. Seine Vorstellung, dass Wissenschaftler auf Falsifikation ihrer Hypothesen aus seien, ist schließlich das Gegenmodell zur Kuhn'schen Normalwissenschaft, bei der Forscher versuchen, ihr Paradigma so lange wie möglich vor Widerlegungen zu schützen. Popper stimmte Kuhn zwar zu, dass Forschung immer »im Lichte einer

Theorie«, also nicht im objektiv vorurteilsfreien Raum, stattfindet. Auch gab er zu, dass er in seiner »Logik der Forschung« das Phänomen normalwissenschaftlichen Forschens zu wenig im Blick hatte. Allerdings sah er, anders als Kuhn, den Normalwissenschaftler eher als eine Ausnahmeerscheinung. »Meiner Auffassung nach ist der ›normale‹ Wissenschaftler, so wie Kuhn in beschreibt, jemand, mit dem man Mitleid haben muss«, schrieb er 1970 in seinem Aufsatz »Normal Science and its Dangers«. Normalwissenschaft sei eben nicht normal. Normalerweise seien Wissenschaftler kritische Geister, die immer darauf aus sind, das herrschende Dogma herauszufordern.

Die Wissenschaftstheorie mit Vertretern wie Paul Feyerabend, Imre Lakatos oder Larry Laudan brachte im Folgenden weitere Variationen der Beschreibung der Wissenschaftsgeschichte hervor, in den 1990ern tobten im Nachklang die »Science Wars« um die Frage, wie rational oder wie sozial und auch politisch bedingt die Wissenschaften sind. Auch wenn man schon allein angesichts der großen Anwendungserfolge der Naturwissenschaften heute kaum mehr einen Relativismus vertreten wird, bleibt eine von Kuhn aufgeworfene Frage spannend und zentral: Wie objektiv ist Wissenschaft und welche Rolle spielen Werturteile für die Forschung?

5. Werte

Kuhns Lösung für die Inkommensurabilität auf der Ebene der Theoriebewertung, indem er diese auf epistemische Werte wie »Genauigkeit der Vorhersage« oder »Einfachheit« reduziert, lässt offenbar einige Schlupflöcher für Skeptiker zu. Denn schon die Anwendung solcher Kriterien ist im konkreten Fall alles andere als eindeutig. Geht es etwa bei der Einfachheit um möglichst kompakte Gleichungen, in die wir die Theorie fassen können? Oder geht es um ontologische Einfachheit in dem Sinne, dass wir möglichst wenig Entitäten in der Welt postulieren wollen? Und was machen wir, wenn ontologische Einfachheit und

Einfachheit der Formulierung in Konkurrenz zueinander stehen? Auch der empirische Erfolg einer Theorie ist nicht so leicht zu quantifizieren, wenn man die Freiheit besitzt, bestimmte empirische Probleme als wichtig einzuschätzen oder als randständig abzuwerten. Dazu kommt das Problem der Unterdeterminiertheit: Wenn bestimmte empirische Evidenz einer Theorie zu widersprechen scheint, kann es bedeuten, dass die Theorie falsch ist. Es kann alternativ aber auch daran liegen, dass bei der Messung etwas falsch gelaufen ist.

In die Entscheidungen, ob eine bestimmte wissenschaftliche Aussage gerechtfertigt ist, gehen also noch andere Werturteile ein als nur die von Kuhn angeführten epistemischen. Wissenschaft beinhaltet stets ein Abwägen vor dem Hintergrund unsicherer Empirie. Sie erfordert immer auch eine Einschätzung davon, wie dramatisch die Folgen wären, wenn Wissenschaftler sich mit einer bestimmten Aussage irrten. Wer die nötige Abschirmung eines Atomreaktors berechnet, wird andere Standards an die Korrektheit seiner Berechnungen anlegen müssen als jemand, der die Häufigkeit von Wasserstoff in der Nähe des Protosterns IRAS 04191 bestimmt. Die Relevanz aller dieser Punkte kennen wir nicht zuletzt aus den vergangenen Jahren der Pandemie: Wenn Wissenschaftler in einer hoch dynamischen, komplexen und unsicheren Krisensituation belastbare wissenschaftliche Aussagen generieren sollen, wird wissenschaftliche Urteilsfindung unübersichtlich und der Einfluss potenziell interessengeleiteter Abwägungen für die Öffentlichkeit ein relevantes Thema.

Die Entscheidung darüber, ob die vorliegende Evidenz stark genug ist, um eine bestimmte Hypothese zu stützen, beruht schließlich nicht selten auf genau den von Kuhn beschriebenen impliziten Elementen von Erfahrungswissen, zusätzlich zu expliziten Methoden zur Quantifizierung von Unsicherheiten – Elemente, die notwendig intransparent sind und potenziell durch persönliche Prägungen des Forschers beeinflusst werden. Diese Elemente wissenschaftlicher Hypothesenbildung, die kontextabhängige Werturteile umfassen, wird man nicht los. Was schützt die Wissenschaft aber davor, korrumpiert zu werden, also durch politische Einflüsse oder private Einstellungen und Interessen der Wissenschaftler in eine bestimmte Richtung gelenkt zu werden?

Klar ist, dass bestimmte Werte nicht als Grund fungieren dürfen, eine Hypothese anzunehmen oder abzulehnen. Sie dürfen keine direkte Rolle für die Wahl von Hypothesen spielen. Ein Wissenschaftler dürfte demnach beispielsweise keine neue Evidenz ignorieren, weil diese nicht zu seiner bevorzugten Theorie passt oder weil sein Forschungsinstitut andere Ergebnisse erwartet. Was aber zulässig sein muss, ist, dass normative Abwägungen da einfließen, wo es um die Frage geht, ob die existierende Evidenz ausreicht, um eine bestimmte Hypothese zu vertreten. In diesem Fall wäre seine Rolle eine indirekte. Die Notwendigkeit solcher Abwägungen ergibt sich, sobald wissenschaftliche Resultate praktische Anwendung finden. In solchen Fällen muss entschieden werden, ob das mit einem Irrtum verbundene Risiko so hoch ist, dass die existierenden Unsicherheiten erst durch weitere Evidenz reduziert werden müssen. Ein neues Medikament kann etwa bereits an Mäusen getestet werden, auch wenn die Evidenz über seine Ungefährlichkeit noch nicht ausreicht, es auch Menschen zu verabreichen.

Obwohl in beiden Fällen normativ geurteilt wird, unterscheiden sich beide Fälle in der Reaktion auf neue Evidenz: Während diese im ersten Fall weiterhin ignoriert würde, weil sie nach wie vor nicht zur Lieblingstheorie oder zur Institutsvorgabe passt, würde der Wissenschaftler im zweiten Fall angesichts reduzierter Unsicherheit seine Hypothese entsprechend anpassen. Ob eine solche Reaktion auf geänderte Evidenz im konkreten Fall tatsächlich eintritt, ist ein guter Hinweis darauf, welche Art normativen Urteils vorliegt. Zur guten wissenschaftlichen Praxis gehört die Bereitschaft, unter Bedingungen sich dynamisch ändernder Evidenz die eigene Hypothesenbildung anzupassen und vorher vertretene Annahmen, wenn nötig, aufzugeben. Dass das nicht immer ganz einfach ist, legen die von Kuhn beschriebenen paradigmatischen Prägungen nahe. Dass es trotzdem möglich sein muss, sich von den paradigmatisch blinden Flecken nicht zu stark beeinflussen zu lassen, sollte die disziplinäre Vielfalt im Diskurs und nicht zuletzt die Organisation des Wissenschaftsbetriebs selbst sicherstellen. Diese ist schließlich für die Kontrolle des Einflusses normativer Elemente auf die Forschung zentral wichtig. Dadurch, dass Resultate reproduzierbar sein sollten und im Zuge des Konferenz- und Publikations- und Begutachtungsbetriebs intensiv, offen und kritisch diskutiert werden, kann das Ideal der Interesselosigkeit von Forschung auf kollektiver Ebene als sozialer Wert umgesetzt werden. Persönliche Prägungen und Verzerrungen einzelner Wissenschaftler sollten auf diese Weise aufgefangen werden. Wissenschaftler, die eine eigene Agenda verfolgen oder sich bestimmten politischen oder kommerziellen Interessen verschrieben haben, sollten damit im Wissenschaftsbetrieb an Grenzen stoßen, weil ihre Beeinflussung ihren Kollegen nicht verborgen bleiben kann. Damit diese Form der Kontrolle aber tatsächlich funktioniert, muss die Forschung auf ihre qualitätssichernden Strukturen achtgeben. Publikationsdruck, prekäre Anstellungsverhältnisse und fehlende Anerkennung für den nicht unerheblichen Aufwand der meist anonymen Gutachtertätigkeiten sind vor diesem Hintergrund besorgniserregende Entwicklungen des akademischen Betriebes. Andersherum hilft es, offene Diskussionen zu fördern und innerhalb der Wissenschaft auf Perspektivenvielfalt zu achten.

6. Sehr normal

Kuhns Beschreibung und Analyse der Normalwissenschaft wird in diesem Jahr 60 Jahre alt. Die Lektüre der *Struktur wissenschaftlicher Revolutionen* lohnt sich nach wie vor. Als Wissenschaftler mag man sich in vielem wiederfinden und von anderem irritiert werden. Zweifelsohne bieten Kuhns provokante Thesen Anlass zur kritischen Selbstreflexion. Wissenschaft ist weder gänzlich objektiv noch wertfrei. Das ist kein Makel. Für den Umgang mit lückenhafter Evidenz und wissenschaftlicher Unsicherheit ist es im Gegenteil eine Stärke, wenn Wissenschaftler ihre gesellschaftliche Verantwortung ernst nehmen. Ihre Werturteile kritisch reflektieren und transparent machen sollten sie dennoch, wenn sie in der Öffentlichkeit über ihre Objektivität Auskunft geben sollen – genau wie jeden noch so geringen Verdacht von Bias-Phänomenen und wirkenden Vorurteilen. Wie schwierig das sein kann, führt Kuhn uns in seinen Fallbeispielen vor Augen. Wie wichtig es aber ist, haben uns die Erfahrungen in der Pandemie gelehrt. Dass die Öffentlichkeit der Wissenschaft vertraut, ist nichts, das man einfach so voraussetzen kann. Die Diskussionen über die gesellschaftliche Rolle und die Verantwortung der Wissenschaftler genau wie die Frage nach der geeigneten Kommunikation aus der Wissenschaft nach außen werden noch länger zu führen sein. Ein einfaches Kriterium dafür, dass man es nicht mit einem Normalwissenschaftler im »zu bemitleidenden Sinne« zu tun hat, gibt es aber immerhin: die Bereitschaft, im Angesicht neuer Evidenz die eigenen Überzeugungen zu revidieren.

Literatur

Thomas S. Kuhn: *Die Struktur wissenschaftlicher Revolutionen.* 2. revidierte Aufl., Frankfurt am Main 1976.

Imre Lakatos: *The Methodology of Scientific Research Programmes. Philosophical Papers Volume 1.* Cambridge 1977.

Karl Popper: *Logik der Forschung.* 9. Aufl., Tübingen 1989.

Karl Popper: »Normal Science and its Dangers«. In: Imre Lakatos, Alan Musgrave (Hrsg.): *Criticism and the Growth of Knowledge.* Cambridge 1970, S. 51 ff.

Stephanie Bothor

NIEMANDSLAND

Ein Jahr die größte Sicherheit, die schönste Selbstverständlichkeit
in vermeintlicher Fremdheit erlebt, die nur möglich war. Mein Jahr
der Paradies-Instandbesetzung. Ein Jahr – ein Ort (das Paradies) –
kein Wissen. Das war die Idee. Für ein Jahr auf eine Insel mitten in
Berlin gehen, diese für die kommenden zwölf Monate nicht mehr
verlassen und keinerlei Informationen über die Welt außerhalb
meines Ortes bekommen. Die Welt außerhalb von mir stillstehen
lassen, ein blank spot, ein Niemandsland.
Der Fleck Erde, auf dem ich mich befand, bestand hauptsächlich
aus einem Ausblick ins Grün, das sich Moment für Moment
veränderte, vor meinem Fenster meiner kleinen 20 Quadratmeter
großen Holzhütte im Garten, mitten im Naturschutzgebiet, Park
und Wald. Um mich herum fleißiges Treiben. Das Paradies war
belebt. Besonders am Wochenende und im Sommer blieben dort
auch andere, die von der Außenwelt kamen und die Stadt für ein
paar Stunden bis Tage hinter sich lassen wollten. Respektvoller-
weise hat keiner der Städter*innen mir irgendetwas über das
Geschehen in der Welt berichtet, bis auf zwei kleine Ausnahmen,
wo das Auf-die-Zunge-Beißen zu heftig geworden wäre. Die
beiden Erzählungen schlüpften durch mein System und wurden
sogleich wieder ausgeschieden.
Dinge merken, die vergangen waren, konnte ich mir sowieso nicht
mehr, die Gegenwart war so präsent, dass kein Platz für irgendetwas außerhalb von ihr war. Alles wurde immer mehr zu Innerhalb
und Stille. Ich auch. Ich wurde auch still. Einen verhandelten Monat
lang. Verhandelt: Ich wollte ein Jahr schweigen, mein Mann bat
mich, es nur einen Monat zu tun. Er, der mich besuchte und
wenigstens meine Stimme brauchte, wenn ich mich schon nicht
mehr in unserem gemeinsamen Kosmos befand. Ein Jahr, in dem

Licht und Schatten so ineinander übergingen, dass ich bemerkte, dass es keine scharfen Grenzen gibt, dass Grenzen nur im Kopf gezogen werden müssen, um stadtgerechten Alltag passieren zu können.

Ein Jahr im Paradies, wo Mücken dich stechen, Ameisen dich beißen, ein Haus sehr schnell zu heiß und zu kalt werden kann, um dich zu schützen, du einfach mal schutzlos bist und auch nichts wirklich Schlimmes passiert, außer, dass deine Hand anschwillt oder dein Bein, außer, dass du kurzzeitig keine Luft mehr bekommst, weil eine neu eingezogene Allergie sich breitmachen möchte. Das Wissen, dass auch das wieder vorbeigeht, wie alles vorbeigeht, es ist doch schließlich das Paradies. Ein Jahr, in dem ich verschwunden war, für manche gelöscht, woran auch mein Wiedereintritt in die städtische Welt nach diesem Jahr nichts änderte. Ein Jahr, das ich damit verbrachte, meine erspürten Zeiträume körperlich zu machen, indem ich sie baute. Ein Haus aus Glas, ein Haus aus Türen, das Archiv, in dem mir Nachrichten hinterlassen wurden, wenn ich durch die Insel streifte, mir die Beine vertreten ging. 464 Quadratmeter können einem auch mal auf den Kopf fallen, oder ich schwamm, um mich zu säubern, mein Haus, mein Mutterbau hatte kein Wasser, geschweige denn eine Dusche oder so.

Einen blauen Garten, meine Reminiszenz an die Poesie der Romantik und ein nie beendetes Teehaus, das mich bis heute, wenn ich das Paradies besuchen gehe, anschaut wie ein hohler Zahn, mit der Bitte, doch endlich ein eigenständiger Zeitraum sein zu können und nicht mehr Minigedächtniskirche spielen zu müssen. Es ist mein kleiner Riss in mir, eine Erinnerungsnotiz, dass es noch einiges im Paradies zu tun gibt, auch wenn die Passivität mein Motor des Jahres war. Das kleine Buch *P – Passivität* von Kathrin Busch war mein Wilson.[*] Passivität. Flanieren, mich treiben lassen, dem sich Auftuenden folgen, ohne irgendwo anzukommen, und doch überall, wo ich war, zu sein.

[*] *Cast Away*. Ein Film mit Tom Hanks. Eine Robinsonade. Wilson, ein gefundener Volleyball, dem Hanks ein Gesicht gab und der zu seinem engsten Gefährten wurde.

Leonhard Schilbach

Mehr Autismus wagen

Ein Plädoyer für mehr Diversität in der Wahrnehmung
des Normalen

Menschen haben die Neigung, ihre eigene Wahrnehmung der Wirklichkeit für die »richtige« Wirklichkeit zu halten und zu erwarten, dass die Wahrnehmung der Wirklichkeit anderer Personen hinreichend ähnlich oder sogar identisch sein müsse. Das Phänomen der gemeinsamen Aufmerksamkeit gilt hierbei als grundlegendes Phänomen des Abgleiches von Wahrnehmungsinhalten und meint den Prozess der Betrachtung eines Aspektes der Welt in dem Bewusstsein, dies »gemeinsam« mit einer anderen Person zu tun. Gemeinsame Aufmerksamkeit ist dabei ein interaktiv konstituiertes Phänomen, da erst die Wechselseitigkeit einer tatsächlichen sozialen Interaktion es möglich macht, die Gemeinsamkeit der Bezugnahme empirisch zu überprüfen. Das bedeutet, ob wir wirklich »gemeinsam« ein und denselben Aspekt der Umwelt betrachten, muss gegebenenfalls dadurch überprüft werden, dass wir dorthin blicken oder auf etwas zeigen und überprüfen, ob die Interaktionspartnerin ihre Aufmerksamkeit ebenfalls dorthin lenkt. Hierbei ist auch das Herstellen von »Blickkontakt« wichtig und beinhaltet eine spannungsvolle Oszillation zwischen der Rolle als Betrachter, als Sehender sowie auch als Angesehener. Auch entwickeln Menschen früh eine Präferenz für die Herstellung von gemeinsamer Aufmerksamkeit und scheinen dies als angenehm und erfreulich wahrzunehmen.

Hinsichtlich der zugrunde liegenden Hirnprozesse konnte gezeigt werden, dass das Herstellen von gemeinsamer Aufmerksamkeit zu einem robusten Anstieg der Hirnaktivität in Regionen des sogenannten »Belohnungssystems« führt.[1] Interessanterweise sind diese Effekte nicht davon abhängig, ob wir bei der Koordination des Verhaltens ein gemeinsames Ziel verfolgen, sondern geschieht auch dann, wenn sich dieser Austausch einfach ergibt.[2] Menschen scheinen also grundsätzlich eine Offenheit und ein Interesse an wechselseitiger sozialer Interaktion zu haben, die wie eine Art Tanz dazu anregt, sich in Resonanz mit der anderen Person zu begeben.

Kurzum: Menschen verfügen über eine intrinsische Motivation zur interpersonellen Verhaltenskoordination und für das Herstellen eines gemeinsamen Referenzrahmens, dem aus Sicht der Entwicklungspsychologie eine herausragende Bedeutung beim Spracherwerb und anderer soziokultureller Prozesse zugesprochen wird. So erlaubt das Herstellen von gemeinsamer Aufmerksamkeit im Rahmen von sozialer Interaktion eine Form der gemeinsamen Bezugnahme und wird deshalb als die Grundlage für die Möglichkeit eines interpersonellen Abgleiches von Wahrnehmungsinhalten und somit für das Herstellen einer sinnlich geteilten Weltsicht angesehen.

Dass dieser Prozess neurobiologisch im Sinne einer intrinsischen Motivation verankert zu sein scheint, macht insofern Sinn, als dass dadurch die Teilnahme an sozialer Interaktion und einer sozialen Welt positiv verstärkt wird und somit soziale Austausch- und Anpassungsprozesse gefördert werden. Auch trägt diese Koordination der Perspektiven im Rahmen von sozialer Interaktion maßgeblich zur Entwicklung von Selbstbewusstsein bei. Die implizite Integration und Berücksichtigung der Perspektive des anderen beinhaltet aber auch, dass Dinge nicht nur für mich, sondern auch für andere wahrnehmbar und nutzbar sind, Teil einer gemeinsamen, sozialen Welt sind, in der ich durch Prozesse der interpersonellen Koordination und verkörperten Intersubjektivität mit anderen Personen eng verbunden bin.

So zeigen aktuelle Studien der sogenannten sozialen Neurowissenschaft, insbesondere der Zweite-Person-Neurowissenschaft, dass es im Rahmen von wechselseitiger sozialer Interaktion – im Gegensatz zu Situationen bloßer sozialer Beobachtung – zur Synchronisierung und Angleichung von Hirnzuständen der Interaktionspartner kommen kann.[3,4] Das Ausmaß der neuronalen Kopplung sagt dabei etwas aus über die Qualität der Beziehung, den Erfolg der Zusammenarbeit, von Lernvorgängen oder der Kommunikation zwischen den Personen, wobei stärkere Ähnlichkeiten von Hirnaktivierungsmuster auf größeren Kommunikationserfolg und besseres gegenseitiges Verständnis hinweisen.[5] Zuletzt sagt die neuronale Kopplung auch etwas über die beteiligten Personen selbst und die Passung im Rahmen der sozialen Interaktion aus. So gelingt etwa die Kopplung zwischen zwei Personen schlechter, wenn eine der beiden Personen von einer psychischen Erkrankung betroffen ist.[6] Mit anderen Worten spielt es für das »soziale« Gehirn eine wichtige Rolle, ob eine »Teilnehmerperspektive« oder eher eine »Beobachterperspektive« eingenommen wird. Letztere erlaubt zwar Lernprozesse im Rahmen der Beobachtung des anderen, jedoch keinen tatsächlichen Austausch auf Verhaltensebene. Aufgrund von methodischen Limitationen, die eine Untersuchung von zwei in Interaktion befindlichen Personen deutlich erschwerten, konnten in der Vergangenheit die neurobiologischen Grundlagen psychosozialer Erfahrungen nicht auf eine ökologisch valide Art und Weise untersucht werden, aktuelle Studien unter Verwendung neuer Technologien und interaktiver Versuchsaufgaben ermöglichen dies aber in zunehmendem Maße.

In der Psychiatrie ist die Verankerung des Menschen in einer intersubjektiv konstituierten Lebenswelt von Blankenburg als »natürliche Selbstverständlichkeit« beschrieben worden.[7] Hiermit ist gemeint, dass sich vieles in der Welt für uns von selbst versteht, gar nicht hinterfragt werden muss, weil wir über ein praktisches Know-how verfügen, wie wir uns in der geteilten Welt bewegen und ihre Bedeutungen nahezu mühelos und kontextsensitiv erschließen können. In dieser sozialen Welt wiederum gelten bestimmte Konventionen und »Spielregeln«, die im Rahmen von sozialer Interaktion ausgehandelt und tradiert werden. Hierbei handelt es sich zumeist um nicht kodifizierte Standards, die vermitteln, wie »wir« Dinge typischerweise tun, wie »man« sich zu verhalten habe. Für die meisten Personen erfordert es im Alltag keine besondere Anstrengung, sich an diese Spielregeln zu halten, da diese als Teilnehmer*in an einer geteilten, sozialen Welt als praktisches, implizites Erfahrungswissen gut bekannt sind und wir uns »automatisch« und »spontan« einstellen können. Mit anderen Worten: Die meisten Menschen wissen, wie soziale Interaktionen funktionieren, aber das Wissen steckt zum großen Teil im Können und ist nicht in allen Aspekten verbalisierbar. Dementsprechend können die sozialen Spielregeln in vielen Situationen auch nicht explizit überprüft werden. Dass wiederum eine implizite Kenntnis sozialer Konventionen vorhanden ist, wird unter anderem dadurch klar, dass Menschen im Falle einer Verletzung derselben entweder darauf achten, unbemerkt davonzukommen, oder aber signalisieren, dass die Normverletzung beabsichtigt war und einen guten Grund hatte, da ansonsten die Verletzung der sozialen Norm von anderen sanktioniert werden könnte. Darüber hinaus können Abweichungen von Kollektivnormen auch ein Hinweis für das Vorliegen von Psychopathologie sein. Tatsächlich wird aber aus psychiatrischer Sicht eine Verletzung von konventionellen Übereinkünften einer Gruppe nur dann den Verdacht auf das Vorliegen einer psychischen Störung aufkommen lassen, »wenn von dem abweichend Handelnden *nicht* gleichzeitig durch verbale oder nonverbale Signale angezeigt wird, dass und in welcher Weise er diese Übereinkunft abzuwandeln beziehungsweise neu zu definieren beabsichtigt«.[8] So dürfe man laut Glatzel auch in einer Aufsichtsratssitzung läppisch-albernes Verhalten zeigen, wenn man gleichzeitig eine Narrenkappe trägt und unter Hinweis auf das Datum klarmacht, dass man als Karnevalsprinz aufzutreten gedenkt.

Wie stünde es aber um Personen, die über keinen angeborenen Sinn für das Normale, für die ungeschriebenen sozialen Gesetze einer Gruppe verfügen? Mit Personen, deren Blick auf die Welt nicht automatisch und intuitiv durch soziale Informationen ergänzt oder ausgerichtet wird und die nicht anhand von umfangreichen Interaktionsgewohnheiten und -erfahrungen immer schon wissen, welches sozial angemessene Verhalten sie zeigen sollten? Hierbei denke ich an Personen mit Autismus/Autist*innen, die ich als Arzt und Psychiater in den letzten 15 Jahren einem eigenen Spezialinteresse folgend regelmäßig habe kennenlernen dürfen.

Bei dem Wort Autismus denken viele Menschen als Erstes an den Film *Rain Man* mit Dustin Hoffman, der aufgrund seiner Popularität weite Teile der Bevölkerung mit dem Phänomen Autismus bekannt gemacht hat. Obgleich die Darstellung von Autismus in diesem Film in Teilen treffend und schauspielerisch überzeugend gelungen sein mag, hat der Film doch eine Vielzahl von Stereotypen verfestigt, die einer differenzierten Darstellung von Autismus nicht zuträglich waren und sind. So handelt es sich bei der Autismus-Spektrum-Störung um eine neurogenetische Entwicklungsstörung, die circa ein Prozent der Bevölkerung betrifft, was auf psychiatrischem Fachgebiet als relativ häufig gelten kann. Außerdem ist die diagnostische Einschätzung von Autismus unabhängig vom jeweils vorliegenden Intelligenzniveau zu treffen, jedoch ist die Wahrscheinlichkeit für das Vorliegen einer Intelligenzminderung bei Personen mit Autismus/Autist*innen deutlich erhöht. Mindestens die Hälfte der Menschen mit Autismus/Autist*innen verfügt aber über normale intellektuelle Fähigkeiten. Trotzdem bestehen auch in diesen Fällen aufgrund von Autismus-bedingten Schwierigkeiten in der sozialen Interaktion und Kommunikation viele Probleme im lebenspraktischen Alltag, was bei vielen Betroffenen dazu führt, dass sich psychiatrische Begleiterkrankungen wie Depressionen und Angststörungen einstellen. Deshalb sucht diese Personengruppe – zum Teil erstmalig – im Erwachsenenalter Kontakt zum Gesundheitswesen auf. Hierbei stehen vor allem Schwierigkeiten im beruflichen Kontext sowie Arbeitslosigkeit, aber auch Probleme beim Knüpfen von Freund- und Partnerschaften im Vordergrund.

Auf psychologischem Gebiet wird die Autismus-Spektrum-Störung heute als ein Cluster an Persönlichkeitseigenschaften angesehen, das mit Stärken und Schwächen einhergeht. Schwächen bestehen typischerweise im oben eingeführten Bereich der sozialen Wahrnehmung, da hierbei eine rasche Eindrucksbildung (zum Beispiel die ganzheitliche

Wahrnehmung von Gesichtern zum Erfassen der emotionalen Verfassung einer Person) wichtiger zu sein scheint als ein Fokus auf Details, der Personen mit Autismus/Autist*innen sehr viel leichter fällt. Auch scheint wiederum der Blick der Menschen mit Autismus/Autist*innen auf die Welt und andere Personen ein anderer zu sein: »Ich schaue nicht in die Augen einer anderen Person, ich schaue auf die Augen«, berichtete mir vor Kurzem eine Person mit Autismus/Autistin, als ich fragte, ob sie im Rahmen von sozialen Interaktionen »Blickkontakt« mit anderen herstelle. Sie habe die Betrachtung der Augen anderer Menschen bewusst lernen müssen, antwortete die Dame, und habe weiterhin Schwierigkeiten, sich daran zu erinnern. Die Antwort veranschaulicht, dass sich der Blick von Menschen mit Autismus/Autist*innen unverstellt und ungefiltert auf die Dinge an sich bezieht und viel weniger durch deren soziale Bedeutung und etwaige Interaktionsvorerfahrungen geprägt ist, die bei Nicht-Autist*innen sofort den Blick auf die Dinge ergänzen und sie als Teil einer intersubjektiv konstituierten Lebenswelt aufscheinen lassen. Für Nicht-Autist*innen geht es während des Herstellens von Blickkontakt zumeist weniger um die physikalischen Aspekte der Augen des Gegenübers, sondern um deren Funktion als »Fenster zur Seele«.

Übereinstimmend mit der Schilderung der Person mit Autismus/Autistin zeigen aktuelle Arbeiten aus dem Bereich der komputationalen Neurowissenschaften, dass die Informationsverarbeitung im Gehirn von Menschen mit Autismus/Autist*innen stärker durch den sensorischen Input geprägt wird als durch sogenannte Top-down-Prozesse, die modulierend auf die basale sensorische Verarbeitung einwirken. Hierbei könnte auch eine geringere Konzentration an inhibitorischen Neurotransmittern eine Rolle spielen, die dazu führt, dass Menschen mit Autismus/Autist*innen verschiedene Sinnesreize besser separat verarbeiten können und nicht so schnell wie Nicht-Autist*innen zu einem einheitlichen Perzept verschmelzen.[9] Auch reagiert das Gehirn von Menschen mit Autismus/Autist*innen im Durchschnitt nicht mit denselben regionalen Veränderungen der Hirnaktivität, wenn eine andere Person Blickkontakt aufnimmt.[10]

Dies erklärt, warum das Herstellen und die Abschätzung einer sozial angemessenen Zeitdauer für das Halten von Blickkontakt für Menschen mit Autismus/Autist*innen erschwert sind. Im Alltag bedeuten diese Unterschiede der Informationsverarbeitung, dass Personen mit Autismus/Autist*innen das Halten von Blickkontakt erst bewusst lernen müssen, da es für sie nicht logisch (»Die Schallwellen Ihrer Stimme erreichen mein Ohr auch, wenn ich wegschaue«) und nicht besonders informativ (»Ihre Augenfarbe ist Blau«) erscheint. Auch die psychologisch-kommunikative Dimension des Haltens von Blickkontakt bleibt für Menschen mit Autismus/Autist*innen in der Praxis unklar (»Ich könnte genauso gut eine Kaffeetasse hochhalten«). Anstelle eines automatischen Gewinns an Informationen über den Interaktionspartner stellt das willkürliche Steuern des eigenen Blickes eine Art Zusatzaufgabe dar, die für Menschen mit Autismus/Autist*innen im Sinne von Multitasking eine zusätzliche Anstrengung bedeutet und nicht zu einer automatischen Zunahme von Koordinationsverhalten. Weiterhin tun sich Menschen mit Autismus/Autist*innen schwer in der verbalen Kommunikation, »zwischen den Zeilen zu lesen« und uneindeutige Aussagen zu verstehen. Menschen mit Autismus/Autist*innen haben vielmehr eine Präferenz für explizite, klare Formulierungen und die Tendenz, Gesagtes wortwörtlich zu verstehen. Letzteres führt im Alltag zu vielen Missverständnissen. Außerdem haben viele Menschen mit Autismus/Autist*innen, die ich kennengelernt habe, große Schwierigkeiten damit, zu lügen. Nicht wahrheitsgemäß das zu sagen, was man denke, sei doch ineffizient und verkompliziere die Kommunikation, so höre ich immer wieder.

Das Interesse für die Dinge an sich halten Menschen mit Autismus/Autist*innen somit in der Kommunikation durch, ohne dass sie geneigt wären, zur Berücksichtigung sozialer Befindlichkeiten die inhaltliche Aussage zu verwässern oder kommunikativ anzupassen. Dies führt in der Regel dazu, dass Menschen mit Autismus/Autist*innen von Nicht-Autist*innen als »zu direkt«, »unhöflich« oder sogar »arrogant« beschrieben werden. Hierbei handelt es sich aber erneut um ein Missverständnis. Dieses beruht darauf, dass Nicht-Autist*innen davon ausgehen, Menschen mit Autismus/Autist*innen könnten sich in der gleichen Art und Weise auf die Perspektive anderer Personen einstellen und seien in gleicher Weise an einem sozialen Reputationsmanagement interessiert. Dies ist jedoch nicht der Fall und stellt aus meiner Sicht – trotz der kommunikativen Probleme, die sich daraus offenbar ergeben – auch eine Stärke von Menschen mit Autismus/Autist*innen dar, da sie die Dinge ansprechen, wie sie sind. Eine solche klare, transparente und sachorientierte Kommunikation wird in vielen Gesellschaftsbereichen – nicht zuletzt in Zeiten einer globalen Pandemie – dringend gebraucht.

Hier können Menschen ohne Autismus/Nicht-Autist*innen von Menschen mit Autismus/Autist*innen lernen. Auch wird mir immer wieder berichtet, dass die Integration von Menschen mit Autismus/Autist*innen durch die daraus entstehende Notwendigkeit einer klaren, direkten Kommunikation für alle Beteiligten, also explizit auch für die Nicht-Autist*innen eines Teams, von großem Vorteil sein kann. Stärken von Menschen mit Autismus/Autist*innen bestehen ebenfalls in einer feinen, detailorientierten Wahrnehmung der Umwelt sowie in der Fähigkeit, Muster, explizite Regeln und Mechanismen zu erkennen und diese zu verwenden, um die Welt vorhersagbar zu machen. Demzufolge sind Personen mit Autismus/Autist*innen gerade auch in Ingenieurberufen, im Bereich der Informatik und den Naturwissenschaften, aber auch in vielen anderen Berufen aktiv. Eine Präferenz für gleichförmige, verlässliche Abläufe führt auch dazu, dass sich Personen mit Autismus/Autist*innen sehr intensiv und ausdauernd bestimmten repetitiven Aufgaben annehmen, die für Nicht-Autist*innen schwerer aushaltbar wären. Auch vertiefen sich Personen mit Autismus/Autist*innen stundenlang in ihre Interessengebiete und verschaffen sich dadurch in diesen Bereichen umfangreiche Kenntnisse und Expertise. Auch können Personen mit Autismus/Autist*innen Ergebnisse oftmals mit großer Klarheit und insbesondere ohne Rücksicht auf soziale Befindlichkeiten relevanter Akteure oder Regeln der sozialen Erwünschtheit darstellen.

In meiner Erfahrung kann dies eine große Bereicherung darstellen und zu einer Versachlichung von Debatten führen, von der alle Beteiligten profitieren können. Allerdings setzt dies voraus, dass sich die nicht autistischen Diskussionsteilnehmer darauf einstellen, dass der Austausch auf der Inhalts- und nicht auch auf der Beziehungsebene stattfindet. Es geht weniger darum, *wie* jemand etwas sagt, sondern darum, *was* er sagt. Der fehlende Sinn für das Normale könnte Autismus zu einem Korrektiv für Diskussionen werden lassen, die abseits von Inhalten vor allem auf soziale Befindlichkeiten achten, dabei aber in ihrer Selektion der relevanten Gruppen Ungleichheit und Ungerechtigkeit zementieren. Autismus könnte an dieser Stelle als eine Art Gradmesser fungieren, um etwa in politischen Diskussionen den Grad der Abweichung von einer rein inhaltlichen, evidenzbasierten Debatte und Positionierung zu bestimmen und explizit auszuweisen. Somit würden Entscheidungsprozesse transparent gemacht im Hinblick auf den Grad an sozialer Beeinflussung, der eine Rolle gespielt hat. »Mehr Fortschritt wagen« könnte an dieser Stelle bedeuten, dass wir mehr Autismus wagen wollen. Diese Art von Offenheit und Transparenz könnte sowohl für Personen mit Autismus/Autist*innen hilfreich sein, aber auch für alle anderen Beteiligten der Diskussion, da hierdurch relevante Motivlagen und Interessen klarer benannt werden könnten. Auch könnte eine Validierung von psychologischen Bedürfnissen und Perspektiven verschiedener Gruppen stattfinden, die für die Kontinuität des Diskurses sowie eine dauerhafte Diskurs- und Kooperationsbereitschaft unerlässlich ist.

Wie oben dargestellt führen Unterschiede in der Wahrnehmung des sozial Normalen zu Missverständnissen zwischen Menschen mit und ohne Autismus/Autist*innen und Nicht-Autist*innen. Im Hinblick auf die zugrunde liegenden Hirnprozesse lässt sich dieser Sachverhalt im Sinne von interpersonellen Prädiktionsfehlern beschreiben. Unser Gehirn nutzt ein Modell der Wirklichkeit, um das Eintreffen von Sinnesreizen zu erklären und um Vorhersagen über die Welt und das Verhalten anderer Personen zu treffen. In Bezug auf Letzteres gehen

Menschen typischerweise davon aus, dass andere so funktionieren wie man selbst. Da dies im Falle von Autismus nicht so ist, kommt es regelmäßig zur Vorhersage- oder Prädiktionsfehlern bei Nicht-Autist*innen, die auf Hirnebene und psychologisch zu Irritationen führen. Mit anderen Worten: Die sozialen Erwartungen der Nicht-Autist*innen werden enttäuscht.

Was hierbei in der Forschung aber lange Zeit vergessen wurde, war die Überlegung, dass es umgekehrt genauso sein könnte. Dies ist durch Milton[11] als das »doppelte Empathie-Problem« beschrieben worden. Es besagt, dass nicht nur Personen mit Autismus/Autist*innen keine Empathie für Personen ohne Autismus/Nicht-Autist*innen haben, sondern dass dies auch umgekehrt gilt. Demzufolge kritisiert Milton die Annahme, dass ausschließlich auf der Seite der Personen mit Autismus/Autist*innen sozial-kognitive Defizite bestehen, sondern argumentiert, dass eine Form der autistischen Empathie sich eher auf andere Personen mit Autismus/Autist*innen bezieht. Tatsächlich ist es so, dass innerhalb einer Gruppe, in der (fast) nur Personen mit Autismus/Autist*innen anwesend sind, soziale Interaktions- und Kommunikationsprobleme weniger stark ausgeprägt sind. Diese Erfahrung machen wir in der »Ambulanz für Störungen der sozialen Interaktion«, in der eine solche Gruppe seit mehreren Jahren stattfindet. Auch erhalten wir das Feedback von Personen mit Autismus/Autist*innen, dass sie sich in einer solchen Gruppe durch die anderen Gruppenteilnehmer*innen gut verstanden und in den dort stattfindenden sozialen Interaktionen besonders wohlfühlen. Ganz im Gegenteil zu den Interaktionserfahrungen, die Personen mit Autismus/Autist*innen häufig im Alltag machen, wo sie als Mitglieder einer Minderheit in aller Regel mit Personen ohne Autismus/Nicht-Autist*innen zu tun haben. Diese Erfahrungen werden durch aktuelle Studien bestätigt, die aufzeigen, dass die interpersonelle Passung für den Kommunikationserfolg und die Beziehungsqualität eine wichtige Rolle spielt und dass Personen mit Autismus/Autist*innen andere Personen mit Autismus/Autist*innen als solche erkennen und eine Präferenz für diese Kontakte zeigen, in denen sie sich stärker öffnen und Interaktionskompetenzen zeigen.[12, 13] Auch offenbart die klinische Erfahrung, dass die Information über das Vorliegen einer Autismusdiagnose dazu führen kann, dass soziale Interaktionen zwischen Personen mit Autismus/Autist*innen und Personen ohne Autismus/Nicht-Autist*innen besser gelingen.

Diese Ergebnisse weisen erneut darauf hin, dass eine rein auf das Individuum bezogene Analyse der sozialen Wahrnehmung zu kurz greift und der Interaktionsprozess unter Berücksichtigung aller Beteiligten und ihrer Zugehörigkeit zu verschiedenen Gruppen betrachtet werden muss. Damit ergeben sich für die schon genannten sozialen Neurowissenschaften weitere – zumindest für dieses Feld – neue Forschungsfragen, die sich eng mit Forschungsaktivitäten im Bereich der Psychiatrie verknüpfen lassen, weil Störungen der sozialen Interaktion nicht nur im Zusammenhang mit Autismus auftreten, sondern bei allen psychischen Erkrankungen beobachtet werden können.[14] Als weitere Implikation ergibt sich die Überlegung, dass die Erforschung und das Verständnis von gruppenspezifischen Interaktionsregeln und -gewohnheiten im Sinne von Diversitätsforschung wichtig sind. Hierbei stellt sich aufgrund von zunehmender sozialer Isolation und Einsamkeit, die bereits vor der globalen Coronapandemie erkennbar waren, die Frage, wie der soziale Zusammenhalt und die Integration verschiedener Gruppen sowie entsprechende Übersetzungsleistungen und gleichsam eine zunehmende Evidenzbasierung zur Lösung global relevanter Problemstellungen gelingen kann.

Menschen mit Autismus/Autist*innen zeigen aufgrund ihrer Schwierigkeiten im Bereich der sozialen Interaktion und Kommunikation im Umgang mit der nicht autistischen Mehrheit der Gesellschaft auf, dass die Wahrnehmung der meisten Menschen sehr stark durch soziale Gewohnheiten, soziale Bedürfnisse und Zugehörigkeitsnormen sowie Interaktionserfahrungen geprägt und gefiltert ist. Menschen mit Autismus/Autist*innen verfügen in dieser Hinsicht nicht über den gleichen Sinn für das Normale und stellen die »natürliche Selbstverständlichkeit« und die Exklusivität einer intersubjektiv konstituierten Lebenswelt als Kollektivnorm infrage. Wir sollten ihnen hierfür dankbar sein und Diversität als Triebkraft für Reflexion und Entwicklung begrüßen, die in der dialektischen Verbindung von Differenzen neue Perspektiven und Hoffnung auf eine inklusivere Welt für alle Menschen möglich macht.

Anmerkungen

1 Leonhard Schilbach et al.: »Minds made for sharing: initiating joint attention recruits reward-related neurocircuitry«. In: *Journal of Cognitive Neuroscience* 22(12) 2010, S. 2702–2715, doi: 10.1162/jocn.2009.21401.

2 Ulrich J. Pfeiffer et al.: »Why we interact: on the functional role of the striatum in the subjective experience of social interaction«. In: *Neuroimage* 101 2014, S. 124–137, doi: 10.1016/j.neuroimage.2014.06.061.

3 Leonhard Schilbach et al.: »Toward a second-person neuroscience«. In: *The Behavioral and Brain Sciences* 36(4) 2013, S. 393–414, doi: 10.1017/S0140525X12000660.

4 Elizabeth Redcay, Leonhard Schilbach: »Using second-person neuroscience to elucidate the mechanisms of social interaction«. In: *Nature Reviews Neuroscience* 20(8) 2019, S. 495–505, doi: 10.1038/s41583-019-0179-4.

5 Greg J. Stephens, Lauren J. Silbert, Uri Hasson: »Speaker-listener neural coupling underlies successful communication«. In: *PNAS* 107(32) 2010, S. 14425–14430, doi: 10.1073/pnas.100866 2107.

6 Edda Bilek et al.: »State-Dependent Cross-Brain Information Flow in Borderline Personality Disorder«. In: *JAMA Psychiatry* 74(9) 2017, S. 949–957, doi: 10.1001/jamapsychiatry.2017.1682.

7 Wolfgang Blankenburg: *Der Verlust der natürlichen Selbstverständlichkeit. Ein Beitrag zur Psychopathologie symptomarmer Schizophrenien.* Berlin 1971/2012

8 Johann Glatzel: *Das psychisch Abnorme. Kritische Ansätze zu einer Psychopathologie.* München 1977, S. 17.

9 Caroline E. Robertson, Eva-Maria Ratai, Nancy Kanwisher: »Reduced GABAergic Action in the Autistic Brain«. In: *Current Biology* 26(1) 2016, S. 80–85, doi: 10.1016/j.cub.2015.11.019.

10 A. L. Georgescu et al.: »Neural correlates of ›social gaze‹ processing in high-functioning autism under systematic variation of gaze duration«. In: *NeuroImage Clinical* 3, 2013, S. 340–351, doi: 10.1016/j.nicl.2013.08.014.

11 Damian E. M. Milton: »On the ontological status of autism: the ›double empathy problem‹«. In: *Disability & Society* 27(6) 2012, S. 883–887.

12 Dimitris Bolis et al.: »Interpersonal similarity of autistic traits predicts friendship quality«. In: *Social Cognitive and Affective Neuroscience* 16(1–2) 2021, S. 222–231, doi: 10.1093/scan/ns aa147.

13 Kerrianne E. Morrison et al.: »Outcomes of real-world social interaction for autistic adults paired with autistic compared to typically developing partners«. In: *Autism* 24(5) 2020, S. 1067–1080, doi: 10.1177/1362361319892701.

14 Leonhard Schilbach: »Towards a second-person neuropsychiatry«. In: *Philosophical Transactions of the Royal Society of London, Series B, Biological Sciences* 371(1686) 2016, 20150081, doi: 10.1098/rstb.2015.0081.

Ethel Matala de Mazza
OHNMACHT

Was einem passieren kann: Still sein müssen, weil der Vater vom Sohn auch jetzt nur Gehorsam fordert. Keine Ahnung haben, wo es auf dem Fluchtweg langgeht und wohin. Durch Berge und Gestrüpp zu Fuß getrieben werden, quer durch den Iran, bis in der Türkei das Meer erreicht ist. Bei Seegang nachts ein überfülltes Boot besteigen sollen. Schiffbruch erleiden, nachdem Panik ausbricht. Im Wasser treiben. Nicht schwimmen können. Leute versinken sehen. Entdeckt werden. Herausfinden müssen, wie es ohne Gepäck weitergeht. Später Busse und Züge. Irgendwann ist Deutschland da. Berlin war kein Ziel für den Jungen. Aber sein Glück.

Wir sind ihm ein paar Monate nach seiner Ankunft begegnet. Inzwischen kennen wir uns gut. Er kann einiges aushalten. Für seinen Ausbildungsberuf hat das nur Vorteile. Über den anstrengenden Schichtbetrieb im Krankenhaus klagt er nicht. Am besten gefällt ihm die Arbeit auf der Rettungsstelle, die konzentrierte Notfallversorgung unter nie nachlassendem Hochdruck. Sind das Lebensverhältnisse und Erfahrungen, an denen sich exemplarisch ablesen lässt, was es heißt, wenn Normalität einkehrt?

Das Verb »einkehren« meint kein flüchtiges Station-Machen, sondern dauerhafte Einnistung im Sinne eines Heimkommens nach längerer Abwesenheit, die im Rückspiegel der Einkehr als transitorisches Interim erscheint. Normalität soll selbst normal sein, wird unterstellt. Geschicke wie das beschriebene lassen mich solchen Annahmen misstrauen. Ich beobachte daran eher, dass Normalität eine abhängige Variable individueller Unsicherheitstoleranz ist. Weder als Zustand noch als Erfahrung verquickt sie sich direkt mit eigenen Anstrengungen, sich durch Tun und Lassen den Gegebenheiten der Umwelt anzupassen, um soziale Reibung zu minimieren und Gewohnheiten auszubilden, durch die primär Erwartbares geschieht. Die Verteilung von Aktiv und Passiv, Freiheit und Zugzwang, Wahl und Not lässt sich nicht aktiv beherrschen. Jedenfalls sind die Verteilungs- und Beherrschungsmöglichkeiten über das Fleisch der Gesellschaft höchst unterschiedlich verteilt, genauso wie der Grad an Stabilität schwankt, der für die Einzelnen überhaupt erreichbar ist.

Im Fall des jungen Mannes hat eine in den USA getroffene Truppenabzugsentscheidung in seinem Herkunftsland Afghanistan nächste Bedrohungslagen geschaffen, Mord und Totschlag, Verzweiflung und Armut über seine Eltern gebracht und auch sein eben gefestigteres Berliner Leben durch die Unerträglichkeit der neuerlichen Ohnmachtserfahrung wieder aus den Angeln gehoben. Währenddessen wird die Kategorie des »Ausnahmezustands« hierzulande in erregt geführten Debatten für eher Läppisches verschlissen. Ihre inflationäre Verwendung zur medial ventilierten Empörung ist ein Wohlstandsphänomen. Dass man es sich leisten kann, mit Begriffen dieser Art in derart großem Stil herumzuwedeln, setzt Saturiertheiten voraus, die auf dem Globus alles andere als normal sind.

FLXX
Schlussleuchten
von und mit
Peter Felixberger

Don't look back

Wir reisen heute mit der FLXX-Maschine auf den Planeten »Politische Macht«. Willkommen in einer der wildesten Diskurstopografien des Weltalls. Es war ein lang gehegter Traum von mir, einmal hierher zu fliegen. Wohlwissend, dass auf diesem Planeten wirkliche Ausnahmeerscheinungen der politischen Theorie leben. In atemberaubender Vielfalt und Zwietracht. Sie wohnen auf hohen Gipfeln, die man kräftezehrend erklimmen muss. Oder im Urwalddickicht, in dem man durch braune Brühe watet, links und rechts lauern giftige Schlangen. Oder man betritt grüne Auen, in denen bunte Schmetterlinge und fröhliche Menschen umhertanzen. Jede politische Machtperspektive hat auf diesem Planeten ihre hegemoniale Einzäunung. Man beäugt sich. Gelegentliche Besuche sind aber durchaus willkommen. Eine kleine Regierung wacht über das fragile Zusammendenken.

Wir sind wieder mit der FLXX-Maschine unterwegs. Dieses Mal in den unendlichen Weiten des Weltraums. Auf der Suche nach »PM001«. Die Abkürzung steht für den Planeten »Politische Macht«. Der Anflug ist nicht ungefährlich. In der Atmosphäre herrschen unglaubliche Temperaturen. Beim Eintritt gerät die FLXX-Maschine ins Trudeln. Der Steuerknüppel wird heiß. Fingernägel glühen. Ich lasse das Steuer los, setze mich fremden Gewalten aus. Hände vors Gesicht. Autopilot. Starke Turbulenzen. Harte Landung. Die FLXX-Maschine setzt auf und kommt erst nach Minuten zum Stehen. Ich öffne die Luke und steige aus. Es stinkt nach verbranntem Reifengummi. Qualm steigt auf. Ein älterer Herr kommt mir entgegen und heißt mich willkommen. »Gestatten, Luhmann. Niklas Luhmann. Innenminister des Planeten Politische Macht.« Mir sitzt die Angst noch im Nacken. »Ist das hier PM001?«, frage ich schüchtern. Der Luhmann nickt und lädt mich in sein Diskurs-Wigwam ein. Es gibt aromatisierten Früchtetee und hartes Systemgebäck. Wir kommen sofort auf das Wesentliche. Wie begründet Politik eigentlich ihre Macht? »Politische Macht«, so der Luhmann, »basiert auf der Möglichkeit belohnender oder bestrafender Sanktionen. Oder besser gesagt: auf der Androhung. Man müsse die Sanktionen gar nicht ausführen.« »Ach ja«, antworte ich, »es genügt, wenn der Colt aus dem Gürtel schaut?« »In der Tat«, antwortet der PM001-Innenminister, »Macht muss ihre Mittel zeigen, aber zugleich vermeiden, dass sie sie anzuwenden hat.«

Die Kekse schmecken trotz ihres Härtegrades. Der Tee ist fast zu heiß. Ich überlege. Politische Macht lebt, wenn man diesem Luhmann Glauben schenken mag, offenbar mit dem Kommunikationsparadoxon, ihr Drohpotenzial sichtbar zu machen, ohne damit zu drohen. Aber es folgt noch einem zweiten Paradoxon: Der Machthaber formuliert eine unangenehme Handlungsalternative (wie physische Gewalt), welche die Untertanen zwar kennen, aber beide tun alles, um sie zu vermeiden. »Macht funktioniert nur«, sagt der Luhmann lächelnd, »wenn beide Seiten diese Vermeidungsalternative kennen und beide sie vermeiden wollen. Es funktioniert also nur auf der Basis einer Fiktion, einer nicht realisierten zweiten Realität.« Ich frage nach. Ist das scheinbar Ausgeschlossene immer anwesend und hinterlässt eine Spur? Legitimiert sich politische Macht infolgedessen nur, wenn sie intersubjektiv nachvollziehbar eine Begründungslogik des Abwesenden zustande bringt? »Legitimation ist nichts anderes als die Transformation des Abwesenden in die Anwesenheit von Werten und in das tagespolitische

Dauergeschäft des Umgangs mit Klagen über die unzureichende Realisierung der Werte.«

Jetzt kommt der Luhmann systemtheoretisch richtig in Fahrt. Für die Mächtigen ziehe dies erhebliche symbolische Anstrengungen nach sich. Polizei und Militär beispielsweise funktionieren als Machtträger am besten, wenn sie nicht gezwungen sind, aktiv zu werden. Denn damit werde der Anschein allmächtiger Durchsetzungskapazität am effektivsten gewahrt. Der politische Gegner traue sich im besten Fall nicht, eine Gegenmacht aufzubauen. Der Luhmann sagt: »Unter all diesen Gesichtspunkten ist überlegene physische Gewalt das Machtmittel par excellence.«

Ich stutze. Wir quatschen noch ein wenig, dann mache ich mich auf den Weg. Ich will mehr über die Gegenmacht in Erfahrung bringen. Denn wie kann der Aufbau einer Gegenmacht überhaupt plausibel begründet werden? Auf einem Berg in der Nähe des Luhmanns wohnt der Benjamin. Der Walter Benjamin. Oppositionsführer auf PM001. Über einen schmalen Grat gelange ich zu einer knorrigen Berghütte inmitten bizarrer Felslandschaft. Ein Mann mit kräftigen Händen winkt aus der Ferne. »Gestatten, FLXX. Ich bin auf der planetaren Durchreise. Dürfte ich mit Ihnen ein wenig über die Legitimation der politischen Gegenmacht sprechen? Ihr Innenminister hat da ja eine ganz spezielle Sicht darauf.« »Das stimmt«, antwortet der Benjamin, »aber was der Luhmann nicht versteht, ist, dass jeder Gesellschaftsvertrag auf Gewalt basiert. Er verleiht jedem Teil das Recht, gegen den anderen Gewalt in irgendeiner Art in Anspruch zu nehmen, falls dieser vertragsbrüchig werden sollte.« Die Staatsgewalt agiere also, so der Benjamin, nicht mehr vorbeugend gegen die Auswüchse des Rechts eines jeden auf alles, sondern wird vice versa selbst zum Objekt, dem Gewalt widerfahren kann.

Mir geht langsam ein Licht auf. Machthaber und Untertan sind im Vertragspoker um die politischen Machtverhältnisse jetzt auf Augenhöhe. Man könnte mit Luhmann sagen: Das Drohpotenzial wird jetzt nicht nur aufseiten der Machthaber sichtbar gemacht, sondern auch aufseiten der Untertanen. Das Individuum ist in der Lage, seine private Ordnungsmacht freizulegen und zu nutzen. Und der Benjamin stützt sich in seiner Argumentation auf die Unterscheidung zwischen Naturrecht, in dem die Gewalt als »Naturprodukt« eine natürliche Gegebenheit ist und in dem mit gewaltsamen Mitteln gerechte Zwecke verfolgt werden, und positivem Recht als »historische Gewordenheit«, in der gewaltsame Mittel gerechte Zwecke garantieren. Das positive Recht versucht demnach, Sinn und Autorität (als Mitteilung guter Gründe) herzustellen, um die Fortsetzung der Macht sicherzustellen. Es kann jederzeit mit Machtmitteleinsatz zur Aufrechterhaltung von Gerechtigkeit drohen. Das Naturrecht hingegen hat sein Ziel noch gar nicht erreicht und versucht durch die Ausübung seiner gewaltsamen Mittel, Gerechtigkeit überhaupt erst zu erreichen. Es bedarf der Aktion, nicht der Hypothese der Aktion.

Der Benjamin lädt mich ein, in der Hütte zu übernachten. Es ist zwischenzeitlich dunkel geworden. Als ich auf meiner Pritsche liege, kommt mir ein Tipp vom Benjamin in den Sinn. Im nächsten Tal wohnt der Schmitt. Der Carl Schmitt. Ein kauziger Gelehrter, den keiner auf PM001 so richtig mag. Er lebt in einer unwirtlichen Gegend. Kleine Bachläufe, Moorlandschaft. Kahle Baumstämme ragen aus seichtem Wasser. Unwirtliche Gegend, hat der Benjamin gesagt. Ich will am nächsten Tag auf jeden Fall dorthin.

Am nächsten Morgen breche ich früh auf. Nach zwei Stunden komme ich auf den Waldpfad, dem ich folgen und ihn nicht verlassen soll. Das hat mir der Benjamin eingetrichtert. Es wird dunkler um mich herum. Hohe Bäume versperren das Sonnenlicht. Im Gestrüpp raschelt es. Eine Hirschkuh gafft mich von einer Anhöhe an. Ein wenig mulmig ist mir schon zumute. Da sehe ich auf einer Lichtung plötzlich Rauch aufsteigen. Ein dürrer Steinkamin. Davor ein älterer Mann, der Holzscheite schlägt. »Hallo«, rufe ich mit fester Stimme, »sind Sie der Schmitt?« »Ja, was wollen Sie hier?«, antwortet er. »Ich bin der FLXX und auf der Durchreise. Der Benjamin hat gemeint, ich solle Sie unbedingt aufsuchen. Ich bin auf der Suche nach Legitimationen für die politische Macht und Gegenmacht.«»Was wollen Sie bei mir? Ich bin auf PM001 der Aussätzige. Der, mit dem sich keiner abgeben will. Der Luhmann hat mir hier wenigstens ein Stück Land gegeben. Garstig, unwirtlich. Aber wenn Sie schon da sind, nehmen Sie doch Platz.«

Ich erzähle dem Schmitt von meinen Diskussionen mit dem Luhmann und dem Benjamin. Von der Macht und Gegenmacht. Von der unsichtbaren und sichtbaren Gewalt.»Ich sehe das etwas anders«, beginnt der Schmitt seine Ausführungen. Grundsätzlich reguliere sich politische Macht über den Ausnahmezustand.»Souverän ist, wer über den Ausnahmezustand entscheidet.« Ein wuchtiger Satz, zweifellos. Er impliziert, dass der Souverän auch die Regel bestimmt. Die Regel, so Schmitt, sei die Normalität. Wer über sie herrsche, ist in der Lage, den Ausnahmefall festzulegen.»Die Leistung eines normalen Staates«, schlussfolgert er deshalb,»besteht vor allem darin, innerhalb des Staates und seines Territoriums eine vollständige Befriedung herbeizuführen.«

Der Schmitt ist eine echte braune Socke. Jeder echte Staat, sagt er, müsse ein totaler Staat sein, der beides kann: zwingend Ruhe, Sicherheit und Ordnung herstellen sowie den Ausnahme- im Bedarfsfall festlegen. Im Ausnahmezustand können die Abweichler als innere Feinde bekämpft werden. Diese wiederum dürfen sich wehren und im Ernstfall sogar das Schwert des Bürgerkriegs zücken, um die Macht über den Ausnahmezustand wieder zu erlangen. Da bekommt der Schmitt feuchte Augen. Denn der totale Staat, so doziert er weiter,»denkt nicht daran, seine Machtmittel seinen eigenen Feinden und Zerstörern zu überliefern und seine Macht unter irgendwelchen Stichworten, Liberalismus, Rechtsstaat oder wie man es nennen will, untergraben zu lassen. Ein solcher Staat kann Freund und Feind unterscheiden.« Ich bin etwas verwirrt.»Das heißt doch im Klartext: Nur in der Dominanz des ius belli könne der Staat zum Führer und Verteidiger von Normalität und Ausnahmezustand werden.« Ups, auf wen habe ich mich da nur eingelassen?

»Es war sehr interessant, mit Ihnen zu sprechen.« Ich versuche, höflich zu bleiben.»Aber ich muss zurück zur FLXX-Maschine.« Wir verabschieden uns, und der Schmitt schenkt mir eine Erstausgabe seines Buches *Der Begriff des Politischen*. Dann mache ich mich zügig vom Acker. Auf dem Rückweg denke ich an Deutschland. Ein Land, das auf einer klaren Übereinkunft basiert. Die politische Gesetzgebung oder Macht obliegen einer parlamentarischen Demokratie, einem Rechtsstaat mit staatlicher Gewaltenteilung. Mittels eines differenzierten Wahlsystems sowie einer legislativen und judikativen Autonomie wird eine ordnungsgemäße Übertragung des Einzelwillens auf den demokratisch legitimierten Souverän garantiert. Bottom-up, so könnte man die Antithese zum totalen Staat bezeichnen, ist ein vitaler Meinungsbildungs- und Kontrollprozess in einer grundgesetzlich garantierten parlamentarischen und judikativen Vielfalt mit angeschlossener gesellschaftlicher Stratifizierung. Vom Kreis- bis zum Bundestag, vom Landes- bis zum Bundesverfassungsgericht. Top-down, eigenmächtig und total verfügt hier schon lange keiner mehr etwas, und schon gar nicht einen Ausnahmezustand, auch wenn auf der fernen Erde gerade Hunderttausende von Covid-Impfunwilligen und -gegnern im schlichten Demokratiefeindkostüm über die Marktplätze der Republik spazieren.

Meister Schmitt würde ihnen wohl heftig applaudieren. Der liberale Rechtsstaat, so hat er nimmermüde proklamiert, sei zur Integration heterogener Massen nicht fähig. Ein Parlament sei diesbezüglich nicht geeignet, sondern nur das Prinzip der je akklamierenden Rede und Gegenrede könne den Volkswillen kundtun. »Erst das wirklich versammelte Volk ist Volk, und nur das wirklich versammelte Volk kann das tun, was spezifisch zur Tätigkeit dieses Volkes gehört: Es kann akklamieren, d. h. durch einfachen Zuruf seine Zustimmung oder Ablehnung ausdrücken«, schreibt der Schmitt und fordert »einen autoritären Exekutivstaat mit plebiszitären Momenten«.

Kurz vor der FLXX-Maschine sehe ich einen weiteren alten Mann. Er schleicht um mein Fluggefährt herum. »Guten Tag«, spreche ich ihn an, »darf ich fragen, wer Sie sind?« »Natürlich«, antwortet er, »gestatten Sie, ich bin der Rawls. John Rawls.« Ich erzähle dem Rawls ausführlich von meinen Gesprächen mit den anderen auf PM001. »O je, dann haben

Sie die wichtigsten Protagonisten kennengelernt. Da passt es ja richtig gut, dass ich Sie als aktueller Bundeskanzler kurz vor ihrer Rückreise noch sprechen darf.«»Die Ehre ist ganz meinerseits«, erwidere ich, »wo sehen Sie denn des Pudels Kern im Hinblick auf die Legitimierung politischer Macht?«

Der Rawls vertritt die demokratisch verfasste Mehrheitsmeinung. Die individuelle Einzelvernunft verschmelze in der Kollektivvernunft. Politische Macht ist »zugleich die Macht des Kollektivs gleicher Bürger« und sie ist »die Macht des Kollektivs gleichberechtigter Bürger«. Dieser neue Machtblock sei für ihn unumstößlich. Nichts könne ihn ins Wanken bringen. »Die Bürger«, so fährt er fort, »handeln in der Bereitschaft, einander langfristig Gerechtigkeit widerfahren zu lassen.« Sie unterwürfen sich als Freie, Gleiche und Vernünftige dem gemeinsamen, öffentlichen Vernunftgebrauch. Nichts und niemand kann diese Wohlordnung der Gesellschaft erschüttern.

Mir wird klar. Ich habe das Herzstück des liberalen Machtideals erreicht: »Da die politische Macht die Zwangsmacht des Kollektivs der Bürger ist – also eine Macht, an der jeder gleichen Anteil hat –, soll sie zumindest dann, wenn es um wesentliche Verfassungselemente und Fragen der Rahmengerechtigkeit geht, nur in einer Art und Weise ausgeübt werden, von der man vernünftigerweise erwarten kann, dass sie von allen Bürgern gebilligt wird.« Für den Rawls gebe es einen gemeinsamen Inhalt, eine gemeinsame Erzählung mit unverrückbaren Begriffen, Prinzipien und Tugenden, mit denen jeder Bürger private Anschlusskommunikation in religiöser und weltanschaulicher Erkenntnissuche betreiben kann.

Mein Aufenthalt auf PM001 neigt sich dem Ende zu. Während ich die FLXX-Maschine besteige und es mir auf dem Commandersessel gemütlich mache, den Startcode in den Bordcomputer einspeise, treten die PM001-Protagonisten noch einmal in meinem Geiste auf. Der Luhmann mit dem Unsichtbarkeitstheorem als Bedingung gelingender politischer Macht. Der Benjamin, der ganz offen das Visier hochklappt und zur Macht-Gegenmacht-Rangelei aufruft. Der Schmitt als

Kriegstreiber politischer Macht mit Willkommensgruß an den totalen Staat. Und zuletzt der Rawls mit der demokratisch-liberalen Beruhigungspille, der dem Kollektiv gleicher Bürger mehr vertraut als einer Top-down-Machtpyramide.

All lights green. Die FLXX-Maschine hebt ab. Voller Schub. Butterweich fliegen wir durch die aufgeheizte Atmosphäre. Zurück im Weltall programmiere ich die FLXX-Maschine auf das Ziel: Rückkehr zur Erde. Ich schlafe ein. FLXX trudelt durch das Weltall zurück auf den Heimatplaneten. Die Sterne wachen über seinen Tiefschlaf. Der Mann im Mond räkelt sich kurz beim Vorbeiflug der FLXX-Maschine.

Die Autoren und Autorinnen

Sibylle Anderl, geb. 1981, ist Astrophysikerin und Wissenschaftsphilosophin und leitet das Wissenschaftsressort der *Frankfurter Allgemeinen Zeitung*. Aktuell erscheint *Dunkle Materie. Das große Rätsel der Kosmologie.*

Stephanie Bothor, geb. 1968, lebt als freie Künstlerin in Berlin und erforscht im Rahmen des Paradis Sauvage Instituts für verkörperte Forschung den Menschen zwischen Realität und Vorstellungskraft.

Horst Bredekamp, geb. 1947, ist Kunst- und Bildhistoriker an der Humboldt-Universität zu Berlin und Seniorsprecher des Exzellenzclusters *Matters of Activity*. Zuletzt erschien seine Werkbiografie *Michelangelo*.

Peter Felixberger, geb. 1960, ist Programmgeschäftsführer der Murmann Publishers und Herausgeber des *Kursbuchs*. Seine Bücher erschienen bei Hanser, Campus, Passagen und Murmann. Dort auch sein wichtigstes: *Wie gerecht ist die Gerechtigkeit?*

Berit Glanz, geb. 1982, lebt als Autorin und Literaturwissenschaftlerin in Island. Zuletzt erschien ihr Roman *Pixeltänzer*.

Volha Hapeyeva, geb. 1982, ist Lyrikerin, Linguistin und Übersetzerin. Sie ist seit Mai 2021 Stipendiatin des Writers-in-Exile-Programms und Mitglied des unabhängigen Schriftstellerverbandes Belarus. Zuletzt erschien ihr Debütroman *Camel Travel*.

Raphael von Hoensbroech, geb. 1977, ist Musikwissenschaftler, Dirigent und arbeitet als Intendant und Geschäftsführer des Konzerthauses Dortmund. Zuletzt erschien zusammen mit seinen Brüdern Severin und Alexis von Hoensbroech *Das Peripetie-Prinzip*.

Heike Littger, geb. 1969, ist freie Journalistin, Autorin und Buchlektorin. Zuvor Redakteurin und Ressortleiterin bei der *Süddeutschen Zeitung, Max, enorm* und dem Online-Magazin *changeX*.

Ethel Matala de Mazza, geb. 1968, lehrt Literaturwissenschaft an der Humboldt-Universität zu Berlin. Zwischen 2017 und 2020 hat sie an dem von Carolin Emcke und Manuela Bojadžijev kuratierten Oral-History-Projekt »Archiv der Flucht« mitgewirkt.

Carolin Müller-Spitzer, geb. 1975, ist Professorin für germanistische Linguistik am Leibniz-Institut für Deutsche Sprache in Mannheim. Aktuell erscheint *Forschen in der Linguistik* (gemeinsam mit Michael Beißwenger und Lothar Lemnitzer).

Armin Nassehi, geb. 1960, ist Soziologieprofessor an der Ludwig-Maximilians-Universität München und Herausgeber des *Kursbuchs*. Zuletzt erschien *Unbehagen. Theorie der überforderten Gesellschaft.*

Ulv Philipper, geb. 1963, ist als Crossover-Coach tätig. Zuletzt erschien *DOG Management. Überraschend einfach führen.*

Gerhard Roth, geb. 1942, ist Professor für Verhaltensphysiologie und Entwicklungsneurobiologie an der Universität Bremen und Direktor des Roth-Instituts Bremen. Zuletzt erschien *Über den Menschen.*

Leonhard Schilbach, geb. 1979, ist Psychiater, Interaktionsforscher, sozialer Neurowissenschaftler und als Chefarzt sowie Stellvertretender Ärztlicher Direktor im LVR-Klinikum Düsseldorf tätig.

Nicole Schmitz, geb. 1975, ist Planetenforscherin und Ingenieurin am Institut für Planetenforschung des DLR in Berlin. Sie ist an verschiedenen Raumfahrtmissionen von ESA und NASA beteiligt.

Jan Schwochow, geb. 1968, ist freier Infografiker, Journalist und Publizist. Sein Handwerk lernte er bei den Magazinen *stern* und *Max* sowie der Berliner Agentur KircherBurkhardt. Bis 2019 Gründer und Leiter der Agentur Golden Section Graphics in Berlin (heute Sapera). Zuletzt erschien *Die Welt verstehen mit 264 Infografiken.*

Levi Israel Ufferfilge, geb. 1988, ist Judaist, Religionspädagoge, Autor und Rabbiner-Anwärter der Jüdischen Gemeinde Münster am Zacharias Frankel College Potsdam. Zuletzt erschien sein erzählendes Sachbuch *Nicht ohne meine Kippa.*